U0908114

アメーバ経営

阿米巴经营

人人都是经营的主角

[日]稻盛和夫◎著
曹岫云/译 曹寓刚/校

中国大百科全书出版社

图字：01-2009-5570

图书在版编目（CIP）数据

阿米巴经营 /（日）稻盛和夫著；曹岫云译．—北京：中国大百科全书出版社，2021.1
ISBN 978-7-5202-0857-4

Ⅰ．①阿…　Ⅱ．①稻…　②曹…　Ⅲ．①企业管理—经验—日本—现代　Ⅳ．①F279.313.3

中国版本图书馆 CIP 数据核字（2020）第 223703 号

出 版 人　刘国辉
策 划 人　曾　辉
责任编辑　曾　辉
责任印制　魏　婷
封面设计　天下书装
出版发行　中国大百科全书出版社
社　　址　北京阜成门北大街 17 号
邮政编码　100037
电　　话　010-88390969
网　　址　www.ecph.com.cn
印　　刷　北京缤索印刷有限公司
规　　格　880 毫米 ×1230 毫米　1/32
印　　张　8.375
字　　数　129 千字
印　　次　2021 年 1 月第 1 版　2021 年 1 2 月第 2 次印刷
书　　号　ISBN 978-7-5202-0857-4
定　　价　59.00 元

敬天爱人

稻盛和夫

稻盛

目　录

第二章　经营需要哲学

第五章　打造激情燃烧的团队

中文版自序

致中国读者

我于 1959 年 27 岁时，在几位朋友的支持下，创建了京瓷公司。现在京瓷已经发展成为日本最有代表性的电子制造厂商。后来，借助日本通信市场自由化的时机，我于 1984 年赤手空拳进入通信市场，创办了第二电电公司，也就是现在的 KDDI 公司。KDDI 已经成为日本屈指可数的综合电气通信运营商之一。

在经营这两家公司的过程中，我独创了名为“阿米巴经营”的经营手法。所谓阿米巴经营，就是把组织划分成一个个小的团体，各自独立核算，同时在公司内部培养具备经营者意识的领导人，让全体员工参与经营，实现全员参与型经营。

我相信，只要把“追求正确的做人准则”这种经营哲学作为基础，经营者与员工齐心协力，认真实践本书所阐述的“阿米巴经营”，企业就一定能够克服困难，持续发展。

日航的成功重建就是一个证明。2010 年，应日本政府的再三邀请，为了重建日航，我出任了日航的会长。当时我带去的“武器”就是我的经营哲学和“阿米巴经营”。我把“阿米巴经营”的基本原理应用在航空运输事业上，构筑了明确各条航线、各个航班收支状况的分部门的核算制度。由于我的经营哲学渗透到了日航员工的心里，又由于灵活应用了阿米巴这种新的会计制度，日航的业绩迅速好转，在我就任会长仅仅两年零七个月后，就在东京证券市场再次上市，变身为全世界航空运输公司中首屈一指的高收益企业。

中国具备在不久的将来成为全球最大的经济大国的潜能，中国的企业今后也将取得更大的飞跃。但是，如果缺乏像“阿米巴经营”这种精细的会计管理体系，企业将很难持续发展。最近几年来，在中国，要求学习我的经营哲学和人生哲学的经营人员正在增加。如果大家在理解经营哲学的基础之上，再学习本书介绍的阿米巴经营，并在经营实践中有效应用，那么我相信，各位的企业一定能持续成功。我谨以此书祝愿中国所有的企业都能健康地成长、发展。

同时，为了中国经济的发展，对于那些想要认真学习企业经营与组织运行方法的读者们，我也祈愿本书能助他们一臂之力。

稻盛和夫

2015 年 4 月

阿米巴经营

日本经济在经历了长期的萧条以后正在逐步复苏，终于可以看到一抹曙光。但是，经济正在全球化，这种全球化的趋势看不到尽头，而世界范围内的企业竞争却因此而不断激化。

在这种严酷的经营环境中，在日本乃至全世界，弄虚作假的丑闻频繁发生。针对这种情况，要求企业遵纪守法、按规则办事的呼声此起彼伏。在美国，制定了强化企业内部管理监督的《萨班斯·奥克斯利法案》（SOX 法案）。这类措施，目的在于通过设计制定严格的制度和规则，来防止企业违法舞弊的行为。

但是我认为，存在一个排在制度和规则前面的问题，就是企业领导人必须具备应有的伦理道德，具备哲学。这种哲学用一句话来讲就是：“作为人，何谓正确？”

这是因为如果缺乏正确的哲学，缺乏伦理道德这种内在的约束，那么，不管外部有什么样的制度和规则，这类制度规则仍然不能正常地发挥作用。

再进一步讲，为了光明正大地经营企业，还需要一个与这种正确的经营哲学相匹配的经营管理体系。如果构建了这样一种体系，就能防患于未然；即使万一发生了违规违法的事，也能将危害控制在最小的限度之内。为了企业的健康发展，必须确立大家一致认同的正确的“经营哲学”，并构筑依据这种哲学的“经营管理体系”。

1959 年，在几位好友的援助下，我创立了京瓷公司。1984 年，我又创建了 KDDI 的前身第二电电。这两家公司一直发展到现在，仍然保持着高收益的态势。而其背后的支撑，就是被称为“阿米巴经营”的经营手法，其基础就是坚实的经营哲学和精致的分部门核算管理。

从创建京瓷开始，我就感觉到，为了企业的长期持续的发展，需要确立正确的“经营哲学”，并与全体员工共有。同时，还需要一种能够正确而且及时掌握包括基层班组在内的经营状况的“管理会计制度”。为此，我一方面致力于技术研发、产品开发和销售活动等业务工作，另一方面，在确立哲学、构建管理会计制度方面也倾注了大量的心血。

随着京瓷的快速发展、规模扩大，我从心底里渴望出现和我同甘共苦，一起分担经营责任的共同经营者。为此，我把公司组织划分成一个一个小团队，称之为“阿米巴”，在公司内部挑选阿米巴长，把阿米巴的经营委托给阿米巴长。用这种办法培养出许多具备经营者意识的领导人，也就是共同经营者。

在阿米巴经营中，以各阿米巴长为中心制定目标计划，依靠全员的智慧和努力达成目标。通过这种做法，让现场的每一位员工都成了主角，都主动参与经营，实现了“全员参与的经营”。

另外，我还构建了独创性的、精致的、分部门核算的管理体制，以正确地掌握每个阿米巴的经营情况。同时，我还把经营情况透明化，让谁都可以看明白各个部门经营的实际状态。还有，阿米巴经营和经营哲学两者必须浑然一体，所以我把阿米巴的规则、运行手法，每条每项都与京瓷的企业哲学作了明确的关联。

伴随着京瓷多元化、全球化的进程，阿米巴经营发展进化成了更为精致的管理会计制度，它将京瓷众多的事业领域划分成部门加以管理。在 KDDI 也已经确立了基于阿米巴经营的分部门的管理会计系统。在事业迅速扩大的过程中，所有部门的经营状况都可以一目了然，这样就可以正确而快速地做出经营判断。阿米巴经营在剧烈变化的通信行业，成了推动 KDDI 飞跃发展的原动力。

不仅是京瓷和 KDDI，现在日本已经有 300 多家企业接受京瓷管理咨询公司的指导，引进了阿米巴经营，业绩获得了飞跃性增长。我相信，只要正确理解阿米巴经营，企业领导人率先垂范，认真、真挚地加以实践，就一定能够大幅度地增强企业的体质。

本书可以说是我作为经营者的集大成之作。不仅正在领导企业的经营者可以读，而且我希望，有志于成为包括风险投资企业、NPO 等在内的新型组织领导者的人，以及财务和会计专家们，都来读一读这本书。希望本书能够对他们有所帮助，让他们所在的组织充满活力。

我祈愿，能有更多的企业和团体导入阿米巴经营，更好地成长发展，并让在那里工作的人们在物质和精神两方面获得更大的幸福。我衷心期待，作为其结果，日本经济能够在激烈的全球性竞争中再创辉煌，真正具备强劲的实力。

这套实践性的经营管理手法构成了我经营的根干。继 1998 年出版《稻盛和夫的实学》（日本经济新闻出版社）之后，本书是第二本详细论述其内容的书籍。我坚信，只要实行《稻盛和夫的实学》中阐述的会计原则，实行本书中阐明的“阿米巴经营”，即分部门核算的管理会计方法，企业经营就一定能够坚如磐石。

稻盛和夫

2006 年 9 月于京都残暑中

译者序

领导人、哲学、体制

应中国大百科全书出版社郭银星博士和广大读者的要求，我重新翻译了稻盛和夫的《阿米巴经营》这本重要著作。现将我在翻译过程中的感悟记录如下：

一、阿米巴经营体制的功效

“阿米巴经营”是一种企业经营管理的体制，是稻盛和夫先生在经营京瓷公司的实践中创建的。

从下面的图中可以看出，京瓷从 1959 年 4 月 1 日创立后第一年就盈利，而且销售利润率达到 11.5%，接着继续快速发展。但从 1959 年到 1966 年的 8 年间，京瓷的利润率一直在 10%—20% 之间波动，这已经是一个十分优秀的业绩。特别是从 1967 年 4 月初到 1969 年 3 月末的两年间，京瓷不但销售额和利润都大幅度快速增长，而且令人注目的是：利润率跃升至 20%—40% 之间，同时销售管理费率从 20% 以上降至 10%。可以说，从那时起，京瓷已经从优秀变得卓越。

其原因，一个是新产品陶瓷 IT 封装开始席卷美国市场，另一个就是实施了阿米巴经营。

阿米巴经营体制的功效

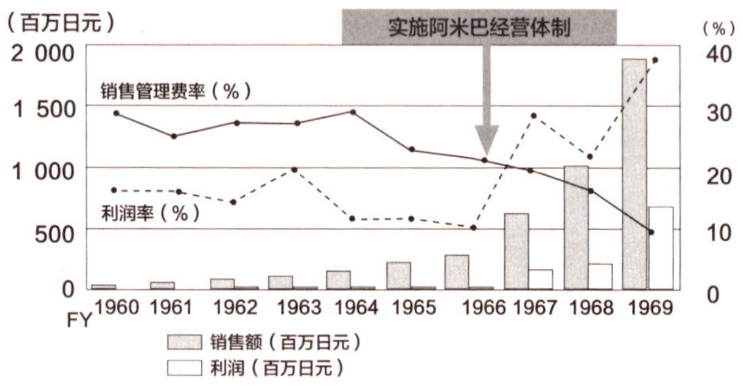

在实行阿米巴经营之前，京瓷公司的产品开发、生产管理、市场销售等工作，基本上都由稻盛一个人负责。但随着企业的成长壮大，他开始感觉力不从心，捉

襟见肘。产品质量、交货日期等问题频发。按稻盛的说法，京瓷也到了“中小企业像脓包，一大就破”的边缘。

繁忙疲惫自不必说，稻盛还有一种作为经营者的深刻的孤独感。怎么做才能让一个迅速发展膨胀的企业经营得井然有序？怎样才能培育与自己同甘共苦的能分担经营责任的共同经营者？稻盛在烦恼中获得了灵感，他想到了孙悟空拔毛吹出分身的故事。将企业划分成若干个小团队，也就是阿米巴，任命阿米巴长，指导他们，让他们像小企业老板一样独立经营、独立核算；有关经营信息向全员公开，阿米巴中每个员工都是企业的主人，都分担指标、参与经营。

由一个人或少数人经营企业，变成了几百人的全员经营，众人的力量和智慧爆发出来了。

这一招果然厉害。要继续拓展事业领域，只要不断拷贝基于相同理念的、独立核算的阿米巴就行。京瓷从此走上了持续健康发展的轨道，55 年来从未出现过一次亏损，而且规模做大后，平均利润率一直保持在 10% 以上，甚至作为零部件制造企业，极为罕见地跻身世界 500 强的行列。

建立在稻盛经营哲学基础上的阿米巴经营体制屡试

不爽。京瓷在收购合并了原计算器厂、通信机器厂、复印机厂、光学材料厂、有机化工材料厂，乃至在美国的电子零部件厂之后，实施阿米巴经营，都成功了。

后来，稻盛创建通信企业第二电电（KDDI），一开始就实行阿米巴，创造了高收益，KDDI 不久就进入了世界 500 强。

日航原先也曾是世界 500 强，2010 年 1 月宣布破产重建。稻盛以 78 岁高龄出任日航董事长。14 个月以后，在日航正式导入阿米巴，取得了优异的业绩。

另外，软银公司的创始人孙正义，近年来常位列日本首富，软银又是阿里巴巴的大股东。在稻盛担任塾长的盛和塾，他做过 5 年的塾生。不久前他说过，**如果没有稻盛“敬天爱人”的哲学思想，没有稻盛的阿米巴经营，就不会有软银的今天。**软银也是世界 500 强企业之一。

至今为止，已有几百家企业导入了阿米巴经营，许多企业都获得了不同程度的进步。

二、哲学是阿米巴成功的前提

我有幸拜访了许多因导入阿米巴经营而成功的日本企业，近年来还拜访过美国盛和塾和中国盛和塾中引进阿米巴的企业。我深切地感受到，**凡是企业领导人忠实实践稻盛哲学，并不遗余力地将这种哲学渗透到全体员工中去的企业，阿米巴的导入都成功了。**相反，不重视哲学，企图通过引进阿米巴，即只想通过走捷径获取成功的企业，导入工作都失败了。不管他们是想自学成才也好，高价聘请专家顾问也好，所有的事实都证明：**没有稻盛哲学的阿米巴经营无法成功。**

特别是我们中国的企业更是如此。阿米巴经营要重新划分组织，重新分配权力，如果不研究、不实践哲学就匆忙引进阿米巴，反而会造成混乱。

我曾参加过两期阿米巴经营的专业培训班，同京瓷公司阿米巴的专家顾问们有过深入交流，甚至有幸经常向稻盛本人直接请教。同时，我也常应邀去企业讲解稻盛哲学和阿米巴经营。我翻译了稻盛有关阿米巴的讲演稿及有关资料，现在又一字一句翻译稻盛花了五年时间精心撰写的《阿米巴经营》这本经典著作。我感觉到，从专业或技术的角度讲，阿米巴一点都不难，其中没有任何抽象难懂的概念。凡是经营者，只要静下心来认真研究，其中的意思都能明白，都能理解。

但令我困惑的是：许多企业，包括某些培训咨询公司，以及中日的一些媒体，都有某种惯性思维，他们往往把稻盛的成功归结为稻盛的经营手腕高超，归结为阿米巴经营这种手法。他们不去、甚至不愿去正视孕育阿米巴经营背后的东西，即**稻盛的经营哲学。**

例如，2011 年 10 月一家著名中国媒体的记者向稻盛提出如下问题：

您成功地用 600 天拯救了日航，一个关键方法是你向日航注入了阿米巴经营。阿米巴强调小而灵活，用它来取代日航的官僚式经营。在那么短的时间内让一个大企业焕然一新，这个难度非常大，您是怎么做到这一点的？

但事实上，稻盛从 2010 年 2 月 1 日进入日航，仅仅 10 个月，就是到当年年底，日航已创造了 1 500 亿日元的利润，这个数字约是日航 60 年历史上最高利润的两倍，也是当年全世界 727 家航空企业中利润最高的。阿米巴是 2011 年 4 月以后，即稻盛进入日航 14 个月以后才正式导入的。那么这个高利润到底是从哪里来的呢？

稻盛的回答是：

日航目前的成功并非因为引入阿米巴。在日航这家超过 3 万名员工的大企业中构建阿米巴，我们花费了一年多的时间。阿米巴经营到 2011 年 4 月才刚刚在日航形成体系，还在逐步完善。第一年的实绩是日航干部员工改变意识的结果。进到日航，我做的第一件事就是改变日航员工们的思想意识，就是制定新的日航哲学。让全体员工赞同和拥有这种哲学，并且运用这种哲学在各个职场内钻研创新，改革改良。让日航员工发自内心地认为，自己是日航的主人，自己的公司必须靠自己来守护。3 万多名日航员工改变了意识，具备了新的精神状态，才使日航的重建走上了轨道。

日航从宣布破产，即从全世界最差的航空公司转变成全世界最好的航空公司，仅仅花了 300 天。稻盛说，这种戏剧性变化，原因不是阿米巴，而是新的日航哲学。

如果说阿米巴后来在日航起到了锦上添花的作用，那么哲学才是雪中送炭。那么具备如此神奇力量的日航哲学究竟是什么呢?

日航哲学一开始就明确了日航这个企业存在的目的，在日本称之为企业理念。

日航集团企业理念

追求全体员工物质和精神两方面的幸福

1. 为乘客人提供最好的服务

2. 提升企业价值，为社会的进步发展做出贡献

全世界的企业、特别是欧美企业，都认为企业是股东的，股东利益第一乃是天经地义。把“追求全体员工物质和精神两方面的幸福”放在首位，那简直是匪夷所思。但是，这一点恰恰是稻盛哲学的根基。抽掉这个根基去奢谈阿米巴经营，就是无本之木、无源之水。

日航哲学共有 40 条，第 1 条是核心，先看第 1 条。

日航哲学第 1 条

成功方程式（人生·工作的结果方程式）

我们应该把什么当作行动的指针呢？成功的关键在于“人生·工作的结果方程式”。

人生·工作的结果 = 思维方式 × 努力 × 能力

人生和工作的结果由“思维方式”“努力”和“能力”三个要素的乘积决定。这个“努力”和“能力”分

别可以从 0 分到 100 分打分，两者相乘。这样的话，与自以为能力强、骄傲自满、不肯努力的人相比，认为自己能力平平，但比谁都努力、有火一般工作热情的人能够取得更为出色的工作成果。在这之上，再乘上“思维方式”。所谓“思维方式”就是人生态度。从负 100 分到正 100 分打分。因为是相乘关系，稍稍负面的“思维方式”，就会带来负的人生结果。能力和努力固然重要，但最重要的是：具备作为人应该有的正确的思维方式。

接着看第 2 条，第 2 条是核心之核心。

日航哲学第 2 条

具备正确的思维方式

在“人生·工作的结果方程式”中，“思维方式”特别重要。所谓正确的思维方式就是思考：“作为人，何谓正确？”

以“作为人，何谓正确”进行判断

哲学的根本就在于“作为人，何谓正确”这一句话。“要正直”“不可撒谎”“不可骗人”“要信守承诺”“要关爱他人”，等等，这是孩童时代，父母和老师教给我们的最朴实的道德观。大家会觉得“这不是理所当然的事情吗？”但实际上，百分之百实践了这些道德观的人恐怕没有吧。不断地用“作为人，何谓正确”来扪心自问，拿出勇气，把正确的事情贯彻到底。这一点非常重要。

日航哲学中“作为人，何谓正确”这句话，引申出来就是公平、正义、勤奋、谦虚、勇敢、知足、乐观、自利利他等普遍正确的价值观。也就是我们每个人本来就有的良知。再换句话说，就是做人应该做的好事，不做人不应该做的坏事。说到底，稻盛哲学就这么单纯。

日航哲学后面的38条无非是前两条的具体演绎。实践这40条的目的是为了员工的幸福，从而对乘客、对社会做出贡献。如此而已。

三、领导人率先垂范，哲学和阿米巴才能大显身手

2013年3月31日，稻盛如期从日航引退，并笑称这是“男子汉的美学”。

5月9日，我当面向稻盛先生提出了一个问题：

现在日航重建成功了，但成功的原因众说纷纭，有人认为是稻盛先生个人的魅力；有人认为是稻盛哲学发挥了作用；有人认为分部门核算的阿米巴体制特别重要；当然

也有人认为是外部原因，即国家的优惠政策最重要。就内部来说，企业盛衰最主要的原因究竟是领导人的威望、哲学（指导思想），还是体制结构？这三者中哪项最重要？

领导人、哲学（指导思想）、体制三者当然密不可分，但三者中哪个最重要？不限于一个企业，就国家层面而言，这也是一个争论不休的问题。稻盛先生的回答一针见血，值得所有领导人深思并铭记。他说：

主要是我让日航的干部员工们感动了。我已经78岁高龄，身为航空业的外行，不取一分报酬，没有私利，原来与日航也没有任何瓜葛，成功了也没有成功的报酬。我冒着“玷污晚节”的风险，不顾自己的健康，鞭策这把老骨头，全身心地投入日航的重建。看到像他们的父亲、爷爷一样大年龄的人，为了他们的幸福拼命工作的样子，日航的员工们感动了，他们觉得自己不更加努力可不行啊！由于日航全体员工团结奋斗，不断改革改进，日航重建才获得了成功。

就是说，领导人率先垂范，他创造和倡导的经营哲学和管理体制才能大显身手。不管确立了多么崇高的企业目的，不管构筑了多么正确的哲学，不管建立了多么健全的体制，但如果领导人不以身作则，缺乏实践哲学、运行体制以及不达目的誓不罢休、渗透到潜意识的强烈而持久的愿望和洞穿岩石般的坚忍不拔的意志，一切都无从谈起。

四、不要病急乱投医

近年来，随着稻盛声望的扩大和稻盛哲学及阿米巴知识的普及，中国突然冒出了不少阿米巴培训咨询公司，有人甚至自命为“中国阿米巴第一人”。如果这些人确有真才实学，真能帮助企业导入阿米巴经营，那真是谢天谢地。但那些想借阿米巴谋利、自吹自擂却不知羞耻的人，首先他自己就没有哲学，没有哲学的人怎能教别人哲学？没有哲学，阿米巴就是水中月、镜中花。奉劝企业经营者们不要病急乱投医。

稻盛和夫（北京）管理顾问有限公司 董事长
京瓷阿美巴（上海）管理咨询有限公司 副董事长

曹岫云

2014 年 11 月 25 日

信仰的实践

自工业革命以来的世界近现代经济史上，各行各业的杰出企业家灿若繁星，他们在各自的领域内经营企业，为社会创造了巨大的价值。但是，能在如此众多的领域取得如此巨大成就，受到如此众多经营者爱戴和追随的企业家，稻盛和夫先生应该首屈一指。他不仅先后创办和领导了3家完全是不同行业的大型企业；而且创办了世界性的企业家公益学习组织“盛和塾”，创立了可以媲美诺贝尔奖的国际奖项“京都奖”；此外，他还构建了利他哲学的思想体系，深刻影响到了包括企业家群体在内的无数人的生命历程。从这个意义上说，稻盛先生的一生，堪称“立功、立德、立言三不朽”。

然而，稻盛先生却说，年轻时的自己，就是日本街头随处可见的一个小青年，没有任何引人注目之处。当我们通过各种资料了解他的家庭背景以及人生历程就会发现，稻盛先生的青少年时代确实就像他本人描述的那样，不仅没有任何出彩之处，反而是充满了各种苦难和挫折。那么，这样一个极其平凡，甚至可以说是不走运的年轻人，到底是怎样创造种种奇迹，最终成长为无数人的人生导师的呢？

纵观稻盛先生的一生，从一个平凡的孩子，历经充满失败和挫折的青少年时期，在步入社会后逐步觉醒，成就伟大的事业，构建完整的哲学体系，成长为全球企业界的精神领袖。这个过程实际上是“利他”这一理念在他心中不断萌芽，成为信心、信念，最终成为不可动摇的信仰，并持续获得实证的过程。

在刚刚创办京瓷公司时，稻盛先生没有经验，对于企业经营处于“无知”的状态。但是，对于初创企业而言，任何一个经营判断的失误，都可能会导致企业破产。稻盛先生感到压力巨大，在烦恼之余做出了决定，“将作为人应该做的正确的事情，以正确的方式贯彻下去”。就是说，他决定以“作为人，何谓正确？”作为判断一切事物的基准。他说：“在企业经营方面我固然无知，但我知道做事违背道德就不可能成功，这也算是一种单纯的信仰。”

然而，就是这个单纯的信仰，成为稻盛和夫这个平凡的青年人脱俗向圣的起点，也成为他日后构建整个利他哲学体系的原点。这一判断基准的实质内容是，不以“利害得失”，而以“是非善恶”作为判断一切问题的基准。换句话说，就是以“利他”而非“利己”作为判断一切事物的基准。

很快，考验就来了。稻盛先生在创业的第三年，遭遇了年轻员工的“逼宫”。这反而促使他运用“作为人，何谓正确”这一基准反复深入地思考，最终将企业的经营理念由“让自己的技术发扬光大”这一利己的指向，改为“在追求全体员工物质和精神两方面幸福的同时，为人类社会的进步发展做出贡献”这一利他的指向。

这成了一个关键转折点，让京瓷这家原本风雨飘摇的“街道”小厂从此走上了飞速发展的道路。古希腊哲学家亚里士多德说：“幸福是我们一切行为的终极目的。”员工来到公司工作，虽然有各种原因，但其根本目的无外乎是追求自身幸福，当企业经营的目标与员工的个人目的相一致，企业家通过经营活动主动去谋求全体员工和社会大众的幸福时，两者之间就达成了共识。由此，双方进入“努力为对方考虑”的良性互动状态，利己心逐渐消散，利他心日益彰显，企业内部组织结构中所蕴含的力量，全体员工内心中所潜藏的能量，就有了释放的条件。

当然，抽象的哲学理念和信仰需要变成具体的制度、机制、工具、方法才能让员工实实在在感受到，才能让他们真心相信，才能在工作和生活中被真正加以运用。于是，阿米巴经营就应运而生了。

稻盛先生认为：“阿米巴经营是一种让每位员工与经营者想法一致、朝着共同目标前进的经营体系。不仅经营者个人，而且包括经营者在内的全体员工，都能借助这个体系追求自己物质和精神两方面的幸福。”

从这个意义上看，阿米巴经营完全可以说是一个利他哲学在企业经营领域的实践体系，用来落地稻盛先生所倡导的哲学理念，也就是他的利他信仰。这种利他信仰，是以真正有利于员工、帮助员工为起点和最终指向的。西方经常有关于股东、客户、员工谁最重要的争论。没有股东，企业就无从建立；没有客户，企业就没有服务对象，无法运行。而稻盛先生却说，“企业是为了员工而存在的，这是我不可动摇的信念”。诚然，在企业经营中，客户和股东都很重要，然而，真正能帮助经营者经营企业的，只有员工。当经营者用正确的思想哲学，去激发全体员工的力量和智慧，大家齐心协力，钻研创新，改革改良，才能真正持续地为客户提供优质的服务和产品，才能创造高收益，才能“为人类社会的进步发展做出贡献”，才能有利于股东，同时也惠及自身。稻盛先生创造性地厘清了这其中的逻辑关系，找到了驱动企业成长的根本要素。

稻盛先生在本书自序中写道：**“阿米巴经营和经营哲学两者必须浑然一体，所以我把阿米巴的规则、运行手法，每条每项都与京瓷的企业哲学作了明确的关联。”**如果说利他哲学的信仰涵盖的是“知”的层面，那么阿米巴经营就是这一哲学信仰在制度、机制、规则、运行手法等企业经营的具体细节上的“行”的呈现。

本书第一章中阐述的阿米巴经营的三个目的，实际上就是京瓷追求全体员工幸福和社会大众福祉的经营理念在经营体系层面的进一步落地和具体化。要实现全体员工的幸福，要为社会做贡献，首先就要让全体员工看到企业经营的真相。而想要做到这一点，就需要用明确的数字指标来对企业的经营现状进行评价。在这个基础上，才可能有针对性地采取正确的措施，加以改善和提升。

稻盛先生说："要让企业持续成长发展，经营者必须把握好经营之舵，而把握得好不好，唯一的客观性的指标就是数字。"

如果无法及时准确地知道经营数字，就无法了解企业经营的真相，也很难对自己的工作成果做出正确的评价。在这种对经营状况模糊不清的情况下，即使想要帮助员工创造幸福，也无从下手。所以，首先就需要确立与市场直接联动的分部门核算制度。目的是通过让员工看清数字，洞察到企业经营的真相，看到自己部门为客户、为企业、为伙伴创造了多少价值，看到数字与自身行为之间的因果关系。而且，这种呈现真相的数字必须是动态的，一方面因为市场的不断变动，另一方面，员工自身的思维方式、行为模式也是不断变化的。所以，稻盛先生创造了"单位时间附加值”这个核心数字指标，用来呈现外部市场和员工内心思维方式不断变化的真相。用佛教的语言来说，这叫“见实相”。只有通过数字看到不断变化的真相，人才能在感知外部市场变化的同时，看到自身的成长和不足，才真正具备不断提升自我的基础，才可能走在实现幸福的正确道路上。

有了自己部门及时准确的数字，再加上适当的授权，就能让阿米巴的领导人自然萌生经营者的意识，从传统企业中“要我干”的被动立场，变成阿米巴组织中“我要干”的主动立场。通过这种方式，能帮助人的意识发生改变，能够培养出具有经营者意识人才，进而实现企业经营中责任主体的扩大化。传统企业中，因为难以看到数字的真相，所以拥有经营者意识的，往往只有企业负责人等少数人。而通过上述方法，就能让更多的部门领导人从意识上发生改变，站在经营者的角度积极主动地思考和改善，成为企业的共同经营者，目标明确地帮助企业发展并在工作中努力贯彻企业的经营理念。在这个过程中，他们不仅能够带领团队成员创造物质幸福，同时，也会感受到带领团队创造幸福的使命感、荣誉感，感受到工作的价值和意义，感受到自己被人需要、被人感谢，从而带来精神上的升华。

当企业基于有利于员工的经营理念，构建了分部门独立核算制度，培养了更多具有经营者意识的领导者之后，在这些领导者的带领下，就能进一步帮助全体员工改变固有观念，让他们切实感受到，自己不是处在雇佣和被雇佣的对立关系中，而是成为经营者的一员，能够通过自己的努力，为客户、为同事、为企业、为社会创造价值，而且，这种价值创造的结果，很快能回到自己身上。由此，他们的积极性就能被充分调动，就能发挥出自己的潜力，真正作为主人翁参与到企业经营中来，在这种状态下，劳资双方之间就不再是对立关系，而是为了实现同一目标而努力的“同志”关系，这就是稻盛先生所倡导的“大家族主义”经营。而且在这个过程中，全体员工通过真修实干，实际上会进入“忘我利他”的状态，感受到马斯洛所说的“高峰体验”，就是说，驱动员工前进的不再是关注个人得失的“利己心”，而是关爱客户、同事等他人的“利他心”。

阿米巴经营的三个目的，实质上是京瓷公司利他的经营理念在组织、核算、人才培养、积极性提升等方面的具体化。这种具体化最为重要的体现，则是在本书第四章中所介绍的阿米巴经营的核心工具——单位时间核算表（以下简称“核算表”）。

核算表由收入、费用、时间三大部分构成，直接反映了稻盛先生对于企业经营的原理原则的认知，即单位时间内“销售最大化，费用最小化”。核算表把这种认知用数理逻辑进行表达和细化，内容简单易懂，能帮助员工迅速掌握企业经营的本质。只要能够真正理解核算表中数字的意义，并在工作实践中努力提高和改善，每个人都能成为彼得·德鲁克所说的“卓有成效的管理者”。因为通过正确运用核算表，任何人都能快速养成德鲁克所提出的成为“卓有成效的管理者”所必需的五个习惯，从而得以快速成长。自身成长是幸福感的重要来源之一，这种快速成长本身，就能让员工感受到幸福。

此外，在核算表中，收入减去费用后得出的就是附加值，这和德鲁克所说的“贡献值”是同一概念。稻盛先生指出，经营的原理原则就是尽可能地扩大收入，并在此基础上尽可能地减少费用。所以，每个部门，甚至每个人都能用附加值这个指标来呈现自己在一定时间内的工作结果。

附加值由利润、税金和劳务费三个部分构成。按照西方传统的管理学逻辑，利润当然是越高越好，但需要从收入中扣除的税金和劳务费的金额却是越低越好。所以，在这一逻辑模型下，今天的西方企业、特别是美国企业的经营者们有一种明显的倾向，即将劳务费等人工费视作最小化的对象，将裁员视作一种日常的经营手段。但是，这种短期行为不但会导致劳资关系的紧张和对立，而且会破坏企业积累的经验、技术等无形资产和未来的成长机会，从而导致企业衰败。同时，在税务方面，很多经营者都会从内心抗拒缴税，会想方设法地用各种手段加以逃避。

从对劳务费、税金和利润这三个构成附加值的具体科目的认知及其背后的行动逻辑上，可以一窥稻盛先生的利他信仰是如何在实际工作中实践的。

稻盛先生对于员工的劳务费是这样阐述的："在（阿米巴）这种制度中，与其把人看作成本，不如说人才是产生附加价值的源泉。因此，不把劳务费当作费用处理。"京瓷公司的理念中有"追求全体员工物质和精神两方面幸福"的内容，劳务费在相当程度上代表了员工的物质幸福，所以它不仅不是削减的对象，反而是需要努力提升的对象。只有这样，才能真正有利于员工，在帮助员工获得更好生活的同时，激励员工用正确的方法持续地为客户创造价值。

在税金方面也是一样，缴税意味着企业对国家、对社会的贡献。过多地思考如何避税、逃税，就会让经营者失去经营的焦点，偏离经营的本质和原理原则，走向利己的方向。稻盛先生认为，把大量精力用在节税上简直就是浪费时间，经营者应该专注于扩大销售额，降低其他成本，也就是思考如何真正为客户创造价值。这才是正道，只有这样做，才能真正帮助企业根本性地、持续地创造高收益。

对于利润，稻盛先生的认知也和很多西方企业家的认知完全不同。很多西方企业家认为，企业是为了股东而存在的，企业获得了利润，除了维持正常运营之外，要尽可能地让股东获益，所以有了利润，如果没有投入再生产，就应该用来投资股票或不动产等，获得资本回报。而稻盛先生认为，利润应该用于保障员工未来的生活，用于企业专业领域内的未来投资，所以，绝不能随便用来投资，而是要以现金的形式留在企业内部，不断积累。只有这样，才能在发生经济危机等特殊情况下，保障员工及其家人的生活，而稳定可预期的收入也是幸福感的重要来源。事实上，稻盛先生秉持以员工幸福为本，绝不投机的信念，避开了多次重大的全球经济危机，让京瓷公司真正做到了基业长青。

稻盛先生用附加值这一概念，重塑了劳务费、税金和利润这三者之间的逻辑关系。西方传统的企业管理观念偏向于关注利润，所以会将劳务费和税金作为其对立面，作为最小化的对象。然而，在附加值这一概念里，这三者呈协调统一的关系。因为这三者在客观上成一定比例，劳务费或税金的增加，实际上也就意味着利润的增加。附加值既代表了企业的利益，也代表了员工的利益和社会的利益。所以，企业经营的最终方向是尽可能地通过为客户创造价值提升企业的附加值。在这种模式下，劳资双方就不再是同床异梦的对立或博弈关系，而是为了实现“提升附加值，实现全员幸福，为社会做贡献”这一目标而共同努力的“同志”关系。“化解劳资对立”就不再仅仅是一句口号，而是稳固地落实到了企业的经营目标、管理的工具方法和员工的行为模式上。

核算表里还有着西方传统的财务报表中所缺少的单位时间的概念。附加值除以工作时间，得出的就是单位时间附加值，即员工每小时创造的价值。这代表着鼓励员工用尽可能少的时间去更高效地完成工作。同时，由于工作成果以单位时间附加值的形式清晰呈现，因此，在正确运用阿米巴经营的企业中，无效的加班会大量减少，员工有更多的时间陪伴家人，对工作也会有更高的积极性。相对于视加班为理所当然的企业，正确导入阿米巴的企业往往幸福度更高，凝聚力更强，效率也更高。在“九九六”工作制争议不断的今天，单位时间附加值这一概念具有特别的启示意义。

如果说利润表呈现的是基于西方个人主义的、以劳资二元对立为前提的管理思想，那么核算表呈现的就是基于东方集体主义的、以多元协作为前提的经营理想。

仔细分析核算表，我们不难发现，这张极其理性的、数字化的报表，实际上承载的却是非常感性的哲学理念。不仅是核算表这一工具，而且阿米巴经营的整个体系实际上都指向“利他”这一理念。

就像本书第二章所阐述的那样，阿米巴经营的运行以哲学为基础。企业正确导入阿米巴之后，从企业干部员工的个人层面来看，在目标制定、计划制定、计划执行到预实分析、相互配合、内部定价、课题改善等各个方面，都能非常精确地在稻盛先生所构建的利他哲学中找到相应的理念，由此按照哲学的逻辑不断内求，从而获得自身成长。例如，在目标制定和执行时，就需要对照“六项精进”中的“付出不亚于任何人的努力”这一条，去挑战高目标。在计划执行的过程中，需要对照“积善行，思利他”，同时帮助其他部门和同事。在达成高目标后，需要对照“六项精进”中的“要谦虚，不要骄傲”，帮助自己保持谦虚；对照“活着，就要感谢”，感谢其他部门和同事的帮助，等等。在这个过程中，推动人努力工作的动力不再仅仅是欲望和生存本能，而是利用到了人心中更为本质的、力量更为强大的“真我”的部分。这样做的结果，即便是普通员工，也能很快看到自己工作成果的提升，进入“提高心性，拓展经营”的良性循环，从而带来工作成果的进一步提升。

这实际上是一个在工作中不断“觉醒”的过程。对照以“单位时间附加值”为代表的数字体系，企业员工就能在工作中“照见”自己的内心，提升觉知力。如果用稻盛先生构建的成功方程式进行表达，践行阿米巴经营的过程，就是企业员工借助阿米巴的这套体系，在实际工作中，不断用数字对照哲学，用利他哲学探寻和唤醒自己内心的“真·善·美”，让决定人生的三大要素，即“思维方式”“努力”“能力”不断提升，最终帮助全体员工走向幸福的过程。本书的第五章主要阐述这方面的内容。

稻盛先生构建的利他哲学的主要关切对象是存在于企业内部的全体员工，是员工的内心，张扬的是存在于所有人心灵中的“真我”。他用阿米巴经营这套具体的方法论，在企业经营中把抽象的哲学理念进行系统性的落地实践，持续地调动全体员工的利他心，从而对企业经营产生超乎想象的巨大推动力。

稻盛先生之所以能创造出阿米巴经营这套经营手法，归根到底，就在于他有强烈的利他信仰，以及因此而产生的对于企业经营的全新认知。所以，阿米巴经营远远不是中国坊间所传说的单纯的技术方法，更不是什么绩效考核制度。阿米巴经营是一种颠覆既有认知的、完全基于利他哲学的系统性的经营实践体系。企业经营者如果希望成功导入阿米巴经营，首先就需要在思想上认同稻盛先生的经营理念，把实现全体员工和社会大众的幸福作为企业的根本使命，并率先垂范，真修实干。

只有做到这一点，才有可能在实际导入阿米巴的过程中正确地加以实践，使企业持续获得高收益。

衷心祝愿广大读者可以通过本书建立起对阿米巴经营的正确认知，并在生活和工作中加以实践，用数字照见真相，用哲学提升数字，实现事业的成功和人生的幸福。

曹寓刚

2020 年 9 月 15 日于上海

第一章

每一位员工都是主角

一、阿米巴经营的诞生

与七名同志一起开创的企业

首先，为了让大家更好地理解阿米巴经营，有必要简单地介绍一下京瓷的创业史和京瓷的经营理念。

我从鹿儿岛大学工学部毕业后，有缘进入京都松风工业公司，那是一家生产高压线绝缘瓷瓶的企业。在这家公司里，我从事当时属于新领域的新型精密陶瓷材料的研究，并在新材料的商品化方面获得了成功。但后来在新产品开发方面，与新上任的研究部长发生了意见冲突。我感觉继续留在这个公司将无法实现我作为技术人员的梦想，因此，我当场就决定辞职。

很幸运，在几位朋友的支持下，我与从松风工业辞职的七位同志一起创建了京都陶瓷公司（现在的京瓷）。创业的资金不是我出的，是几位朋友出资帮我成立了这家公司，目的是要让我的技术发扬光大。

如果我家境富裕，有资产有本钱成立公司的话，从一开始公司的经营方式就会大不相同吧。但是，我没有资金、没有经验，也没有什么了不起的技术和设备，有的就是互相信赖的伙伴。所以，这是一家在互相信赖的伙伴关系的基础之上创立的公司。

在公司启动阶段，我得到了西枝一江先生特别的关照，他当时担任宫木电机公司的专务。西枝先生对我说："我出钱是因为看中你有与众不同的地方，看中你具备正确的思维方式。从今往后，你将要开始企业经营，在经营中，你绝不能成为金钱的俘虏。我把你的技术视作出资的资本，请你也持有股份，成为公司的股东。"这样，从一开始，我就以技术出资的形式持有股份，走上持股经营者，也就是所谓"老板"的道路。

因为公司起步于这种温暖的关爱，所以互相信赖的伙伴之间心心相连的纽带，就成了京瓷经营的基础。

当时，因为我对经营一无所知，完全是外行，所以，究竟应该依靠什么来经营企业，我感到十分困惑，烦恼不已。后来，我终于意识到，成为京瓷创业基础的那个“人心”，才是企业经营中最重要的东西。

如果说最容易动摇变化的是人心，那么，一旦互相信赖、心心相连，这个世界上最坚固、最可靠的还是人心。翻阅人类的历史，依靠人心成就伟业的例子不胜枚举。**我认为，率领一个集团，归根到底，只能依靠人心。**比人心更可靠、更确凿的东西并不存在。

阿米巴经营也以人心为基础。在人体中，有几十万亿个细胞，但它们在一个统一的意志之下互相协调配合。与此相同，公司里几千个阿米巴（小团队组织）必须齐心协力，才能使公司成为一个强有力的整体。

有时，阿米巴之间也会有竞争。但是，如果阿米巴之间不能互相尊重、互相帮助，就不能发挥公司整体的力量。因此，从公司的领导人到基层阿米巴的成员，都要用“信赖”这一纽带连接起来，这是阿米巴经营的前提。

确立经营理念

在京瓷创立后第二年，招进了十余名刚从高中毕业的新员工，经过一年多的磨炼，他们基本上已能胜任工作。这时候，他们突然来到我面前，要求改善待遇，而且递上血书，提出了强硬的要求。

其中包括每年最低的加薪数额、奖金数额，而且要连续多少年，要我做出保证。但我在招聘他们时，并没有做过这样的承诺，我只是对他们说："将来公司能发展成什么样子，现在还不清楚。但是从现在开始，我们就要拼命努力，一定要打造一家非常杰出的公司，你们愿意到这样的公司来试试吗？"但是，仅仅在工作一年之后，他们就向我提出："要保证将来连续多少年的待遇，否则就要集体辞职。"

我向他们明确表示："不能接受！"公司才经营了两年，我自己还缺乏足够的自信。在这种情况下，为了挽留员工，就轻易答应"保证将来的待遇"，那就是撒谎。我对年轻的员工们说："我一定会竭尽全力把公司做好，将来甚至可以提供比你们现在的要求更好的待遇。"

在公司里，对话没有解决问题，我就把他们带到我家里，谈判持续到深夜，但是他们依然顽固地坚持。改天我又反复强调："作为经营者，只要我自己好就行，我丝毫没有这种自私的想法。我要让大家从内心感到进这个公司真的没错。"但是，血气方刚的年轻人根本听不进我的话。他们说："资本家、经营者总是嘴上说得好听，用这类甜言蜜语来欺骗我们。”

当时，我的工资也不高，其中一部分要寄给家乡的父母作生活补贴。我在七兄妹中排行老二，战后家境贫寒，长兄和妹妹为了让我上大学而放弃了升学的机会。对自己的家庭我尚且不能照顾到位，却要向聘用不久的员工提供从现在一直到将来的保障，我觉得实在是太亏了。

但是公司已经成立，恩人西枝先生甚至抵押了家宅支持我创办公司，到了这一步，已经不可能再言放弃。我没有退路，面对这些年轻的员工，我只能真刀真枪、正面迎击。

“你们既然有辞职的勇气，为什么没有勇气相信我呢？为了大家，我就是拼上性命，也要守护好这个公司。如果你们发现我是为我自己的私利私欲经营企业，那么，到时杀了我也行！”

交谈持续了三天三夜，我总算说服他们留在了公司。但是，经历了这样的交涉，我不能不重新思考公司存在的意义。就是说，即使是这么一家不起眼的小公司，年轻的员工们也是准备托付自己的一生才进入公司的。

此后的几个星期中，我心情沉闷，苦苦思索。最后我这么想：“当初，我之所以创办公司，是为了实现我作为技术人员的梦想。然而，公司一旦成立，员工们之所以入职，却是因为打算托付终身。这样的话，公司就有了比实现我个人的梦想更为重大的目的。这个目的就是保障员工及其家庭的生活，就是谋求他们的幸福。而站在最前头，为实现员工的幸福而奋斗，就是我的使命。”

于是，我就把京瓷的经营理念确定为：**“在追求全体员工物质和精神两方面幸福的同时，为人类社会的进步发展做出贡献。”**

这就明确了京瓷存在的意义。京瓷是一家追求全体员工物质和精神两方面的幸福，并为社会为世人做贡献的企业。这样，员工开始把京瓷当作“自己的公司”，把自己当作经营者，变得像经营者一样拼命工作了。同时，从这一刻开始，我与员工的关系已经不再是经营者与劳动者的关系，而是为了同一个目的共同奋斗的同志关系，而在全体员工之间也萌生出了真正的伙伴意识。

阿米巴经营是通过一个个小团队的独立核算来实现全员参与经营、凝聚全体员工力量和智慧的经营管理体系。在这里，必不可缺的就是正确而且明确的经营理念和经营哲学，只有这样的理念和哲学才能让全体员工没有任何疑虑，全身心地投入工作。

把变大的组织划小

京都陶瓷公司创立以后，接二连三地开发出了过去市场上所没有的、各式各样的精密陶瓷产品，并实现了商品化。公司的规模也随之迅速扩大，最初只有 28 名员工，不到 5 年员工人数就超过了 100 名，很快又增加到了 200 名、300 名。

公司在迅速发展，但从产品开发到生产、销售，所有的工作主要都由我一个人负责。我疲于奔命，体力支撑不住，工作也顾不过来。社会上流传一句话："中小企业像脓包，一大就破。"就是说，中小企业做的是"盖浇饭"式的笼统账，在这过程中规模膨胀，管理跟不上，就要垮台。而当时我们公司也接近了这种状态。

当时，我如果具备经营学或组织论方面的知识，也许能找到相应的解决办法，知道如何去管理变大了的组织。但是，我原本就没有这些知识，又是每天夜以继日地埋头工作，腾不出时间来学习这方面的知识。

当时，我甚至不知道世上还有经营顾问这个职业。如果知道的话，即使勉强凑钱，或许我也会接受他们的咨询和指导。我无依无靠，"一个不断成长的公司究竟应该怎么去运营？"我孤独一人，烦恼不已。

在繁忙和烦恼中，有一天，我头脑中突然有灵光闪现："在员工发展到 100 人左右时，我一个人还是管得过来的。那么，把公司划分成一个个小团队行不行呢？现在公司里面能管理 100 名员工的干部或许还没有，但是，管理 20—30 人团队的领导人已经培养出来了，那么，就委托他们来管理一个个的小团队不就行了吗？"

我又进一步考虑："既然要把公司分成一个一个小团队，那么能不能让这样的小组织独立核算呢？把公司划分成可以独立经营的最小单元，在这样的小单元、小组织里设置负责人，让他们像街道小企业一样，通过独立核算进行管理，这种做法应该行得通。"

要让各个组织通过独立核算进行管理，就需要计算损益，但专业的财务报表外行看不懂。为了让缺乏会计知识的人也能一看就懂，我对损益表进行了改进，制作了简单易懂的"单位时间核算表"。

我会在下文中对该表做详细说明。"只要销售最大化、费用最小化，那么这两者的差额，也就是附加价值就能最大化"，这是一条经营的原则，而体现这条原则的具体形式，就是这张核算表。在核算表上设置了相关的销售科目，下面是所花费的费用科目（不包括劳务费），只要统计两者之差，这个组织的收支情况就能够一目了然。

使用“单位时间核算表”，小团队的领导人就很容易管理现场的收支。他们可以指示部下：“我们的部门为了提升效益，这项费用必须削减。”同时，因为现场的员工都能看懂这张核算表，所以所有的员工都能参与经营。就是说，在培养组织领导人的同时，还可以增加关心经营、具备经营者意识的员工。

那个时代劳资对立非常尖锐，劳动纠纷接连不断。当时的社会风潮，都是从“资本家对劳动者”这种阶级对立的结构来思考问题。因此，在经营者一方，为了不让员工有空子可钻，就不会告诉员工经营的实际状况，这是当时的常识。就在这样的时代背景下，京瓷却把经营内容向全体员工披露，导入了玻璃般透明的“单位时间核算制度”，把公司的经营状况尽可能向员工公布。

公开公司的经营状况，可以提高员工的参与意识，激发员工的积极性。当我意识到这一点时，我就决定把阿米巴经营作为京瓷经营管理的根基。从那以后，阿米巴经营就从经营管理这一侧面，成为推动京瓷快速发展的原动力。

阿米巴经营的三个目的

阿米巴经营不是世人所称道的经营的技术技巧。如果只是经营的技术技巧，那么，只要学习它的方法、程序就够了。但只是模仿阿米巴经营的做法，不会有什么效果。原因是，阿米巴经营是以经营哲学为基础的，是与公司运行的所有制度都密切相关的、综合性的经营管理体系。

阿米巴经营与经营的所有方面都密切相关，要弄清它的整体形象不太容易。所以在学习阿米巴经营时，关键是要理解阿米巴经营的目的。

下面，通过对阿米巴经营目的的解释，我想可以明确阿米巴经营的本质是什么，可以搞清楚这个经营系统瞄准的目标是什么。

阿米巴经营的目的有以下三项。我想顺次阐述。

第一个目的：确立与市场直接联动的分部门核算制度。

第二个目的：培养具有经营者意识的人才。

第三个目的：实现全员参与的经营。

二、目的之一：确立与市场直接联动的分部门核算制度

需要的不是过去的数字，而是“现在的数字”

我大学毕业后最初就职的松风工业公司与别的公司一样，设有财务部、总务部、人事部等管理部门。因此有关的专业工作只需交给这些部门，而我只要专注于我负责的新产品研发、生产和销售就行。财务方面，事业部的收支计算全部由财务部承担，我根本不参与。

后来，我离开松风工业，在 27 岁创建京都陶瓷时，对于企业经营我基本上是个外行。企业的财务工作全部委托给青山政次先生，他是我在松风工业时的上司，也是我创业时的恩人。因为青山先生在松风工业当过管理部长，所以精通成本核算。

青山先生除了处理日常的会计凭证外，还进行成本核算。大概是创业几个月以后吧，有一天，他带着核算结果的相关资料让我过目。“稻盛君，这就是3个月前发货产品的制造成本。”他一项项给我做了详细的说明。

当时，从产品开发到生产、销售，所有领域的事情都由我一个人管，一天到晚忙得团团转，根本没有工夫仔细观看几个月前的产品成本。我只是随声附和，听他说完了事。

我这种态度，大概让青山先生觉得我轻视成本核算吧，他反而多次拿着成本核算表来找我，反复向我做说明解释。

因为他来得实在太勤了，我不禁对他说：“青山先生，这些已经过去的数字没有用处。产品销售出去都好几个月了，现在才知道它的成本没有任何意义。这个月要做出这么多利润，我每天都在动脑筋、想办法，采取各种措施。现在你告诉我几个月前的成本，对我的行动毫无帮助。何况电子零部件的市场竞争非常激烈，今天拿到的订单价格还在不断下跌，品种改变价格也在变。在这种情势下，告诉我过去的成本如何如何，没有任何意义。”

青山先生担当财务和总务等方面的工作，正是靠了他，京瓷才能顺利起步。而且青山先生是为了让我理解成本核算的重要性，才多次跑来向我做说明的，而我却自以为是，出言不逊，我不免后悔。

尽管如此，我还是认为青山先生事后统计的成本，不过是显示了我几个月前掌舵经营的一个结果而已。

因为精密陶瓷在当时是一种全新的材料，所以每月很少有重复的订单。接受过去没做过的新产品的订单，做完交货后，再接下一个新产品。持续生产相同产品的机会很少，即使有追加的订单，由于竞争激烈，客户会不断要求降价。好像是通货紧缩时的经济，市场价格不断走低，降价被视为天经地义。

在这种情况下，去做滞后几个月的成本核算，当核算结果出来时，相关产品基本上已经不再生产了，所以这样的成本核算几乎没有任何实际价值。

一般的工业产品要经过多道生产工序才能完成，在这过程中会发生原材料费、人工费、外发加工费、电费、折旧费等各种费用。所有工序费用的合计就是该产品的成本。但另一方面，**产品销售时的价格却与成本无**

关，而由市场决定。价格和成本的差额就是我们要获取的利润，但是客户愿意支付的市场价格却是变化的，要用与上个月相同的价格保证这个月的订单是不可能的，特别是在降价之风日甚一日的今天，可以说售价每天都在下降。在这种情况下，像大多数制造企业那样，采用事后统计经营数字，对于经营没有任何实质性的帮助；根据几个月前的成本数字来经营企业，无法应对不断变动的市场价格。

面对瞬息万变的市场，需要在产品的生产过程中，对成本进行即时管理。经营者需要的是"活生生的数字"，这种数字能帮助经营者做出判断：在现在这个时刻，公司处于何种经营状态，应该采取何种办法去应对才好。

判断基准："作为人，何谓正确？"

企业初创时，作为经营者，我必须对面临的所有问题做出判断。因为是依靠新技术刚刚创办的风险企业，如果自己判断失误，企业可能很快就会衰败。为了不断做出正确的判断，究竟应该以什么作为判断事物的基准？我每天都烦恼不已。

想来想去、反复思考，最后我意识到，在企业经营中判断问题，要符合世人常讲的“通逻辑、合伦理”，就是说，必须依据“作为人，何谓正确”的原则进行判断。反之，如果与我们通常秉持的伦理观、道德观背道而驰，从长期看，经营不可能顺畅。我们幼小时，父母、祖父母批评教育我们：“什么是作为人该做的事？什么是作为人不该做的事？”我认为，我们就应该用这种朴实的基准去判断事物。

就是说，把“作为人，何谓正确”这一基准作为企业经营的原理原则，据此对所有问题做出判断。这一判断基准，也就是用公平、公正、正义、勇气、诚实、忍耐、努力、亲切、体谅、谦虚、博爱这样一些词汇表达的全世界通用的普适价值观。

因为我对企业经营很无知，连所谓的常识也不具备，所以无论判断什么事情，就不得不从事物的本质出发进行思考。这反而让我发现了有关企业经营的重要的原理原则。

销售最大化、费用最小化

发现企业经营的重要的原理原则，有一个很有代表性的例子。

创业后不久，宫木电机曾在各个方面帮助我们，当时由它的一位资深会计师协助打理京瓷的财务。当我问他“这个月的盈亏情况如何”时，他常使用难懂的会计术语向我解释。因为我在这方面是外行，所以总是听不明白。这样的问答反复了多次以后，我说：“我明白了。直截了当地说，只要销售最大化、费用最小化不就行了！这样利润自然就能增加。”

正因为我是经营的门外汉，反而一下子就看出了事物的本质。这时候，我已经认识到“销售最大化、费用最小化”就是经营的原则。从那以后，我就遵循这条原则，一心努力去扩大销售，同时努力削减各种费用。结果就如前面所述，事业迅速扩展，效益不断提高。

谈到这条原则，肯定有人会说：“这不是理所当然的吗！”然而，正是这一原则，超越了世间所谓的常识，体现了经营的精髓。“这种行业，利润率也就这样了！”无论制造业也好，流通业、服务业也好，一般的企业都以这种默认的常识开展经营。如果是制造厂家，利润率也就几个百分点；流通业的话，有百分之一就不错了。都按照行业的常识去判断和行动，实绩如果达到了常识中的数字，就认为“干得不错！”

但是，按照“销售最大化、费用最小化”的原则去做，情况就很不一样。销售可以无限增加，费用可以降到最低，结果利润也可以无限增加。

另外，为了提高销售额，并不是简单地涨价就行。在下文中我会详细解释“定价即经营”这条原则，重要的是要找出让客户乐于购买的最高价格。

在削减费用支出的时候，不能因为感觉上“已到了极限”而放弃努力。要相信人具备无限的可能性，要永不停止地付出努力。这样的话，利润就可能无限增长。根据这一原则，全体员工不懈努力，精益求精，企业就能够实现长期持续的高收益。

基于原理原则诞生的分部门核算制度

我意识到“销售最大化、费用最小化”这条原则以后，就依据这一原则来经营企业，努力将京瓷带上高收益的轨道。但是过了不久，随着公司规模的扩大，我却感到了一丝的不安。作为经营者，我可以按照“销售最大化、费用最小化”的原则经营整个公司，但是组织变大以后，靠我一个人已经无法将这条原则贯彻到组织的末端。

关键的是销售额和费用，这两项是每天都在现场发生的东西，因此，必须让在现场工作的员工们也能理解并实践这条原则。

本公司的一大半员工都在制造部门。当时，他们虽然意识到要削减费用，但对增加销售却既不关心，也感觉不到责任。如果按照“销售最大化、费用最小化”的原则，那么各道工序除了要做到费用最小之外，同时还必须努力做到销售最大。为此，必须让各个制造工序的领导者实际感觉到“销售”的存在，否则他们就无法产生让销售最大化的意志和热情。

同时，虽然说要做到费用最小化，但组织一旦变大，无意中就会做起“统账”，什么地方发生了什么费用就搞不清楚了。因此，我觉得需要有更加细致的管理收支核算的方法。这个时候，我想到的办法就是：把整个企业划分成若干个小单元，让这些小单元之间进行公司内部的买卖。如果能设计出这样一种机制不就行了吗？

比如，精密陶瓷的制造工序可以划分成原料、成型、烧制、加工等工序，各道工序都是一个独立的单元。如果由原料部门将原料卖给成型部门，那么，原料部门就产生了“销售”，成型部门就产生了“采购”。就是说，各工序之间采用半成品买卖的方式，各个部门就如同一个中小企业一样，能够成为一个独立的核算单元，各个单元都能实际感觉到“销售最大化、费用最小化”这条经营原则，因而能自主地开展经营。**这种做法在京瓷被称为“公司内部买卖”，是阿米巴经营的一大特征。**

另外，如果公司成了各个小单元的集合体，那么经营者只要审阅各个小单元提交的核算报表，就能知道哪个部门盈利，哪个部门亏损，就能更正确地把握整个公司的实际状况。这样的话，经营高层就能够做出正确的经营判断，就能够对整个公司进行更加细致的管理。顺着这个思路，京瓷就开始采用了由小团队组成的分部门核算制度，这也可称之为阿米巴经营的雏形。

直接传递市场动向，迅速对应

为了在整个公司实践“销售最大化、费用最小化”这项原则，我把组织细分，分成一个个独立核算的单位，就是“阿米巴”。每个阿米巴安排一位负责人即阿米巴长，负责阿米巴的经营。阿米巴长在重要问题上虽然需要获得上司的认可，但他们全面负责各自阿米巴的经营，包括经营计划、实绩管理、劳务管理、资材采购等。

即使是阿米巴这么一个小小的组织，要经营它也必须进行收支计算，这就需要最低限度的财务知识。但是，对于当时的京瓷来说，要求所有的阿米巴长都具备财务知识，那是不现实的。因此，需要有一个办法，让缺乏专门财务知识的人也能够明白阿米巴的核算。这时，我想到的就是“单位时间核算表”（详见本书第四章）。

在单位时间核算中，不但要计算各阿米巴的收入和费用，而且要计算两者的差额——附加价值。用这个附加价值除以总劳动时间，就可以算出每小时的附加价值。这样，自己所在的阿米巴每小时产生出多少附加价值，马上就可以知道。另外，通过单位时间核算表中“预定”和“实绩”的对比，阿米巴长可以随时掌握事前制定的销售预定、生产预定、费用预定的实际完成情况，以便立即采取必要的措施。

市场价格时时刻刻都在变化，如果不能灵活而及时地应对变化，就无法确保达到既定的附加价值和利润目标。正因为如此，我才构建了这个经营管理系统，把复杂的制造工序划分成若干个小阿米巴，在各阿米巴间反复交易的同时，能够随时掌握各个阿米巴的经营实绩。

有了这一套经营管理的系统，即使市场价格大幅下跌也不用担心，因为卖价的下降立即会反映到各个阿米巴之间买卖的价格上，所以各个阿米巴就会立刻采取措施降低费用。换句话说，不仅市场的变动能够直接传递到公司内部的各个角落，而且公司全体成员都会闻风而动，迅速应对市场的变化。

进行公司内部的买卖，在质量管理方面也有很大的效果。正因为是“买卖”，所以作为买方的阿米巴，如果质量不能满足要求，就不会从公司内采购。因此，达不到各工序间规定质量的半成品就不会流入后道工序。就是说，公司内各道买卖之间都自然设置了“质量关卡”，产品质量得到了检验确认。因此，各工序的阿米巴都会严把质量关。

市场不断变化，技术开发日新月异，面对这样的环境，企业必须反应敏捷，应对灵活。因此，组织不能一成不变，需要按照事业发展的状况自由地分割、整合或增殖。

京瓷的作业单位——“阿米巴”，这个名字是由一位员工提出的。他把这种小团队组织比喻为自由自在反复进行细胞分裂的“阿米巴”。阿米巴作为一个独立核算的单位，具有自己明确的意志和目标，并且不断自我成长，它是一个自立性的组织。

公司经营的原理原则是“销售最大化、费用最小化”。为了在全公司实践这条原则，就把组织划分成小的单位，采用能够立即应对市场变动的分部门核算管理。这就是阿米巴经营的第一个目的。

三、目的之二：培养具有经营者意识的人才

希望获得共同经营的伙伴

创业之初，我直接指挥产品开发、生产、销售、管理等所有的部门。生产现场发生什么问题，我立即赶去做出指示；为获取订单我要拜访客户；有质量投诉，我也要去一线解决。总之，一个人要扮演好几种角色，繁忙至极。我甚至认真地想过，如果我能像孙悟空一样，把自己的毫毛拔下来轻轻一吹，就能吹出自己的分身，那该多好啊！变出许多自己的分身，命令这位“你去跑客户做销售”，命令那位“你去解决生产现场的问题”，那样的话，能帮我多大的忙啊！

仅仅忙碌，还不是问题。不管哪家公司，经营者

总是孤独的。最高领导人因为要做出最终的决断，要负最大的责任，所以心中总是忐忑不安。因为我过去根本没有经营企业的经验，所以越发感觉心里没底。我从心底里渴望能出现与我同甘共苦、与我分担经营责任的伙伴。

公司尚小的时候，即使很忙，经营者一个人也能够照看整个公司。但是随着公司规模变大，经营者一个人要管理生产、销售、研发等所有的事情，就越来越困难了。在这种情况下，一般制造厂家的做法是，首先把组织划分为生产部门和销售部门，“你去负责销售，生产由我来管”。

不止于此，如果事业内容更加扩展，销售部门、生产部门等部门，光靠一个部门经理也管不过来了。于是，销售部门就会按区域将组织再进行划分，比如分成西日本销售和东日本销售两块。如果顾客又增加了，还可把西日本销售划分为关西地区、中国地区、四国地区、九州地区等。生产部门如果要对收支核算进行更细致的管理，只靠一个负责人也会应接不暇，这时候就可以考虑按产品的品种或工序细分组织。

公司规模扩大，光靠经营者和各部门负责人管理整个公司，感觉力不能及的时候，就可以把组织细分成几个小的作业单元，让它们独立核算，那里的领导人就能正确地把握自己单位的情况。另外，这些小单元的领导

人因为所管的人数少，就比较容易开展日常的工作进度，和工序管理等组织运营活动。即使没有特别高的管理能力和专业知识，他们也能够把自己的部门管理得井然有序。

不仅如此，虽然只是小单元，但既然被托付经营，单元领导人就会产生“自己也是一个经营者”的意识。有了这种意识，就会萌生作为经营者的责任感，就会尽力去提升自己部门的业绩。就是说，从员工的“要我干”的立场，转变成了领导人“我要干”的立场。这种从被动到主动的立场转变，就是经营者意识的开始。

这样一来，立场就发生了180度的转变，从“干多少时间，获取多少报酬”的立场，变为“自己赚钱，向部下支付报酬”的立场。于是，就会产生即使自我付出牺牲也要把经营搞好的想法。就这样，与我分担经营责任的共同经营者，就从这些小单元的领导人中，一个接一个地涌现出来。

由于创建了阿米巴经营的方式，京瓷诞生了许多具备共同经营者意识的阿米巴长。从阿米巴经营开始至今，京瓷的阿米巴长们在各自的阿米巴中大显身手，把经营搞得有声有色。

按照需要把组织划分成若干个小单元，这些小单元再作为中小企业的联合体构成公司，把小单元的经营托付给阿米巴长，由此培养具备经营者意识的人才，这就是阿米巴经营的第二个目的。

四、目的之三：实现全员参与的经营

化解劳资对立的“大家族主义”

第二次世界大战之后，日本变成了一个民主主义国家，战前属于非法组织的日本共产党也复活了。同时，作为对战前军国主义的一种反动，在战后相当一个时期内社会主义势力勃然兴起，劳资纠纷频繁发生。

特别是在京都，革新势力十分强大。在战后的几十年间，京都府一直由共产党人当知事，处理政事。劳动者一味主张自身的权利，不会体谅经营者的烦恼和痛苦。同时，因为还残留着战前那种陈旧的企业体制，所以在经营者当中，还有不少人把劳动者只当作为自己赚钱的工具。或许是因为京都没有受到美军的空袭，街市也好，人员也好，都原封不动地保留了下来，所以经营者依然保持着那种旧式的劳动观。

这种敌对的劳资关系，究竟是从什么时候开始的呢？让我们回顾一下人类的历史，对这种关系产生的背景，作如下的分析：

在人类的黎明期，人类的生存方式是狩猎采撷，过着流动迁徙的生活，后来进入农耕时期，人们开始居有定所。从农耕时代开始，为了生活的安定，为了预防自然灾害时不挨饿，人们学会了储备粮食。这么一来，就出现了聪明的商人，他们会把粮食从有剩余的地方运到不足的地方，开始了买卖。

最初，做这种生意的是商人个人和他们的家族，慢慢地生意做大了，他们就开始雇用自己家族之外的劳动者。从这个时候开始就产生了经营者与劳动者这层关系。随着时代的变迁，商业逐渐繁荣起来。为了在更广阔的范围内从事商业活动，商人们就要雇用更多的劳动者。这时候，就出现部分商人为了自己能够多赚一点钱，给劳动者尽可能少的报酬。这种经营者增加了，自然就产生了经营者与劳动者之间的利害对立。

后来，资本主义发达起来，出现了制造业等各种产业，诞生了股份公司这种近代化的公司组织形式。这种组织形式产生的背景是：公司组织变大后，经营者的工作更加繁忙，他们就需要任命若干个董事，以便分担自己的工作和责任，以分工合作的方式来经营公司。

确实，通过增加董事来分担经营者的工作，通过经营者和董事们的分工合作，提高了公司经营的效率。但是，董事的数量最多也不过几十人，经营者和董事组成的经营班子，同占人数绝大部分的劳动者之间的敌对关系并没有因此而消除，反而越发激烈起来。

劳动者只主张自己的权利，不去理解经营者的痛苦和烦恼；经营者也不去理解劳动者的立场，不想去改善劳动者的生活和维护他们的权利。双方都只顾自身的利益，都不愿意去体谅和理解对方。这样就更加激化了劳资双方的对立情绪。

第二次世界大战结束后，在劳资对峙越发激烈的京都，我创办了公司。招聘进来的员工中的大多数，因为是在这种氛围中长大的，他们对经营者抱着很深的成见，认为经营者是劳动者的敌人，根本不信任经营者。

当时，京瓷是一个刚创立不久的小企业，全体员工必须团结奋斗，才能在激烈的市场竞争中求得生存。这时候，如果因为企业内部的劳资对立而消耗力量，公司将难以为继。因此无论如何，我必须构建一个没有内部对立、劳资协调、共同奋斗的公司团队。

怎么做才能解决劳资对立的问题？我伤透了脑筋。我反复思考，得出的结论就是："经营者应该尊重劳动者的立场和权利；劳动者应该和经营者一起考虑整个公司的利益，为公司做贡献。如果劳资双方持有这样的观点，那么劳资对立自然就会消失。"

公司有个体经营、有限公司、股份公司等多种形态，其中如果有"全体员工都是经营者"这种形态的公司，那么劳资对立就不会产生，全体员工都会朝着公司发展的方向团结奋斗，成为最强大的集体。

据我所知当时在美国，就有会计事务所、律师事务所等，采用"合伙经营"的公司形态，公司成员都是共同经营者，都是合伙人，都对经营负有连带责任。我也曾想过，如果京瓷的员工也都成为经营合伙人，那该多好啊！遗憾的是，在日本的法律制度里面，找不到这样的经营形态。

尽管没有这种形态，但是我认为，包括经营者在内的全体员工都抱着共同的目的，齐心协力、团结奋斗才是最理想的，而在日本传统的“家族”里面，可以找到这样的模式。这里所说的家族，就是构成家族成员的祖父母、父母、子女，为了自己家族的利益，大家共同奋斗的那种传统的家族。长辈爱护子女，子女尊重长辈，整个家族是一个命运共同体，彼此互爱互助，这样一种家族关系，就是我想追求的“大家族主义”。

如果公司成为像一个大家族一样的命运共同体，经营者和员工像家族成员一样互相理解、互相鼓励、互相帮助，那么，劳资双方就能团结成一个整体，共同经营企业。即使在严酷的市场竞争中，由于大家都为公司的发展共同奋斗，就自然能够顺利开展经营。我把这种观点称为“大家族主义”，将这种思维方式作为公司经营的基础。

在当时的日本社会，劳资对立被视为理所当然，但我却想构建经营者与劳动者之间像家族成员般的人际关系，让更多的员工同我携手，共同参与经营。我就想构筑这样的公司。

共有经营理念和经营信息，就能提高员工的经营者意识

但是，不管怎样标榜大家族主义，要消除经营者与劳动者之间的对立，要营造劳资协力的企业风气，仍然很困难。为了超越经营者、劳动者各自的立场，让全体员工团结一致，首先必须有全体员工都能认同的企业目的，或者叫经营理念。

一般的公司，大多是从父辈那里继承家业，或者为了自己赚钱才创立公司。如果京瓷也是这样的公司，要做到劳资团结一致，恐怕很困难。但京瓷从一开始就是互相信赖的同志集体创立的公司，作为经营者，我丝毫没有肥我个人私腹的念头。

另外，就像本章开头讲过的那样，京瓷已经把公司的经营理念确定为“在追求全体员工物质和精神两方面幸福的同时，为人类社会的进步发展做出贡献”。因为是把追求员工的幸福作为公司的目的，所以与劳资团结一致共同为企业发展而尽力的要求毫无矛盾。确立全体员工都能接受、都能共有的、普遍正确的经营理念，就是培育了一种土壤，让京瓷产生了超越劳资对立、团结奋斗的企业风气。

同时，因为确立了这样的经营理念，我就敢于严

格要求员工。如果是为了满足个人私欲的经营者，他们是为了自己的利益驱使劳动者，榨取劳动者，他们会心存顾忌。而在京瓷，作为经营者，我站在最前面，哪怕自我付出牺牲，也要为全体员工的幸福而竭尽全力。所以，为了大家，为了把工作做好，我可以毫不客气地批评、斥责工作不努力的员工。而全体员工也会产生伙伴意识，大家都是为了同一个目的共同奋斗的同志。

但后来我意识到，即便如此，全体员工仍然不能充分地理解我作为经营者的苦衷。比如我说："在这种情况下，你不可以那么干，因为公司处于这种状况。"他们却反应不过来。说明在我和员工之间仍然存在认识心理上的距离。

这时我注意到，他们之所以不理解我讲话的意思，是因为他们不明白公司的实际状况。这样的话，只要下决心向员工公开公司的情况，他们就能理解经营者的心情。经营者不考虑劳动者的立场，劳动者只强调自己的权利，劳资对立就永远无法消除。但是，**为了让全体员工具备经营者的意识，以与经营者相同水准的思想投入工作，就要尽可能公开企业的有关信息，并且毫无保留地将我的烦恼，我的困惑，统统告诉他们。这一点非常**

重要。

在劳资严重对立的时候，一般的经营者都会尽量向劳动者隐瞒公司的实际状况。在这种社会风气中，我却反其道而行之，将经营的实态毫无保留地告诉员工们。大家了解了公司的情况，理解了公司存在的问题，同时我的烦恼与员工的烦恼互相进行了沟通，有了共识以后，就可以培育员工们的经营者意识。

让全体员工在工作中感受到价值和成就感

在阿米巴经营中，要把公司划分成若干个小团队，以阿米巴长为中心，开展全员参与的经营。这时候，有关阿米巴以及公司状况的主要信息，都要通过晨会等形式全部向员工公布。公司的信息尽量向员工公开，这就营造了全员主动参与经营的氛围，就能够实现全员参与经营。

全体员工积极参与经营，在各自的岗位上发挥各自的作用，尽到各自的责任，那么，员工已经不再是单纯的劳动者，而是具备了经营者意识、与经营者共同工作的伙伴。这样的话，因为履行了自己的责任，他们就会品尝到工作的喜悦和成就感。互相之间都抱着为公司做贡献的目的投入工作，就能实际感受到人生的价值，就会积极主动地投身于工作。

每一位员工在各自的岗位、各自的立场上，都想为自己的阿米巴，为整个公司做贡献。同时，阿米巴长和阿米巴成员都主动设立并实现目标，通过这种做法，他们就能感受到工作的意义。这样的话，全体员工都能发现工作的乐趣和人生的价值，因而拼命工作。在这个过程中，每位员工都会最大限度提高自己的能力，自己的人格也能成长。

全体员工为了公司的发展，齐心协力参与经营，带着自豪感、成就感投入工作，实现这种“全员参与的经营”，就是阿米巴经营的第三个目的。

02

第二章

经营需要哲学

一、把组织细分到可以经营的小单元

在企业里实践阿米巴经营，有若干必不可缺的要诀，我从其中挑出几点加以具体说明，这对于理解阿米巴经营特别重要。

组织并非分得越小越好

这里要讲的第一个要诀，可以说决定了阿米巴经营的成败。这个问题就是：复杂的公司组织究竟如何切割划分？要把组织划分好，首先要正确掌握企业的实际状况，必须按照实际情况来划分组织。要做到这一点，我认为要有三个条件。

第一个条件：切分的阿米巴为了能够独立核算，必

须有明确的收入，并且能够计算清楚获得这种收入所花费的支出。

为了独立核算，就必须计算收入和支出。为此，作为一个独立的组织，它必须清楚地掌握自己的收入和费用。这就是划分阿米巴的第一个条件。

第二个条件：作为最小组织单元的阿米巴，它必须是能够独立完成一项业务的单元。

换句话说，阿米巴作为一个独立的业务单元，它

必须具备完成这项业务所需要的最小限度的功能。而正因为阿米巴能完成一项独立的业务，阿米巴长才有用武之地，才有钻研、改进、创新的余地，才能感觉到工作的价值。所以，阿米巴必须是能够独立完成某项业务的单元。

下面以陶瓷的生产部门为例来说明这一条。在京瓷的生产部门中，最早划分出阿米巴的，是原料部门。它所做的是生产流程中的首道工序，它的功能是将原料调和混合。将原料工序当作一个阿米巴独立出来的时候，是考虑到这第二个条件，即作为“独立完成一项业务的单元”。我曾经担心，这样的组织划分是不是太细了。

这时候，我突然想到，当时就有企业将调配好的原料卖给像京瓷这样的生产厂家。既然有调配原料的专门公司存在，那么在京瓷，将原料廉价购入，进行调配，然后卖给下一道的成型部门，这一项工作，完全可以作为一项业务独立出来。想到这里，我就下决心将原料部门作为一个阿米巴划分出来。

接着是成型工序。完成成型这种作业，来获取加工费，以这种形式接受委托加工的企业有很多很多。机械和原料都由委托方提供，企业只负责加工，获取加工费。在京瓷，成型部门从原料部门购进原料，这就是“买”，然后将成型后的产品卖给烧制部门，这就形成了“卖”。有买有卖，有收入有支出，就可以作为一个独立核算的部门。

不过，**阿米巴绝不是分得越细越好。**组织如果分得太细，小组织乱设乱立，就会造成低效，产生浪费。在阿米巴经营中，必须明确各阿米巴之间的收入和支出，为此，各阿米巴之间要确定买卖价格。同时，在出现质量问题的时候，互相要进行交涉，决定对策。如果组织分得太细，运行上会非常繁杂。

同时，虽然只是一个小小的组织，但阿米巴长能够感觉到作为一个经营者的价值，认识到这项工作的意义，这一点也十分重要。因此，组织只能分割到这样的程度：一定要**有利于阿米巴长及阿米巴成员通过钻研创新来改进工作。**像这样将组织细分为可以从事独立业务的单元，就是划分阿米巴的第二个条件。

第三个条件：组织划分必须有利于贯彻执行整个公司的目标和方针。

即使阿米巴可以准确计算收支，即使阿米巴也可以独立完成某项业务，但如果它妨碍公司方针的贯彻执行，就不能把这样的组织划分为阿米巴。理由是如果划分成阿米巴，就可能破坏公司内部的协调，让组织的功能变得支离破碎，以致无法完成公司的使命。

比如，像京瓷这种按订单生产的企业，它的销售部门，如果组织变大后要加以分割，划分成：跑客户、获取订单的接单部门，安排和管理产品交货期的交期管理部门，以及开具发票、回收货款的货款回收部门。这三个部门都可以独立核算。假定整个销售部门拿销售额的10%作为佣金收入，其中接单部门拿5%，交期管理部门拿3%，货款回收部门拿2%。以这种方式分配收入，那么，这三个部门是可以分别独立核算的。

比如要与A公司、B公司、C公司这些大客户做生意，接单部门只顾接单能行吗？当然不行，它同时要管理交货期，要交货，发生质量等问题时要应对客户投诉，要负责货款回收。如果将这些职能让别的销售阿米巴担任，京瓷公司就无法向客户提供完整的、首尾一贯的服务。这样的话，销售部门就不能贯彻“客户第一”的公司方针，所以不可以胡乱划分销售组织。

从这个例子中可以看出，划分阿米巴并不那么简单，并不是只要能划，就划得越小越好。划分后的单元必须能够贯彻执行整个公司的方针。这就是划分阿米巴的第三个条件。

满足了这三个条件，就可以让一个阿米巴独立运行。**“怎么构建阿米巴组织，这是阿米巴经营的开始，也是阿米巴经营的终结”**，这么说也不为过。阿米巴组织构建是阿米巴经营的关键。

经常调整组织

那么，是不是一旦将组织划分成各个阿米巴之后，就算万事大吉了呢？当然不是。阿米巴经营的特长，就在于面对经济状况、市场行情、技术动向、竞争对手等环境要素的急剧变化，柔性地、灵活地改变阿米巴的组织，迅速做出应对。企业身处的环境时刻都在发生变化，必须依据市场的变化和竞争对手的动态，将组织调整到适合当时情况的最佳状态。经营者和各级领导人必须时时检查确认现在的组织是否适应当下的事业环境，是否适应公司确定的方针。

不久以前，京瓷有过这样的事例。根据当时的社长伊藤谦介（现在是顾问）的提案，京瓷设立了“物流事业部”这一新的事业部。过去，产品的运送都是由各工厂的经营管理部委托运输公司做的。既然外面有运输这个行业，就可以把公司内部的送货业务集中起来，由一个独立的事业部来经营。

这么做，不但使该事业部的收益不断提升，同时还大幅降低了公司的运输费用。虽然过去各个工厂对运输费的管理也十分严格，但还是存在着损失和浪费，物流事业部的诞生清楚地证明了这一点。

这个物流事业部是京瓷创业经过了30多年以后，才成立的一个独立核算的事业部门。经营领导人应该从提升效率的角度，对整个公司的组织进行经常性的审视和调整，去发现可以独立核算的、应该“阿米巴化”的事业。

还有一个例子。最近发生了这样一件事：京瓷某个事业部的生产部门因为订单有波动，产值起伏很大，因为没能随机应变，没能削减相应的费用和时间，结果陷入了亏损。

这时候，事业部长意识到，该生产部门的核算单元划分得还不够细致，于是将组织进一步细分。结果，核算内容的细目得以明确，改善收支所需要解决的课题也清晰地显现出来。

于是阿米巴全体成员集思广益、群策群力，逐一解决了这些课题。现在该生产部门的利润率居然大大超过了其他事业部门。在该阿米巴工作的一位年轻女性回顾这段经历时说：“从赤字到崛起，经历了许多辛酸，但是大家互相鼓励，全力投入这个改进项目。正因为汇集了全员的智慧，并得到了周围人们的协助，才达成了目标。而支撑这种协作关系的，就是京瓷相互信赖的人际关系。”她说话的口吻完全像经营者一样。把核算单元进一步细分以后，就可以看清楚组织的收支明细，同时也提高了阿米巴成员的经营意识。

这个例子说明，有时对现有的阿米巴要进一步细分；有时又要反过来，把分得过细的阿米巴整合。需要**对阿米巴组织加以调整，始终让阿米巴组织处于最佳状态，这个问题非常重要。**这点做不好，阿米巴经营就失去了意义。“阿米巴组织如何切分？这是阿米巴经营的开始，也是阿米巴经营的终结。”这句话的含义就在于此。

以前面讲的三个条件为基础，思考现有的组织是否适合现在的事业状况，这一点非常关键。

二、阿米巴之间的定价

需要公平公正的判断

那么，究竟怎样来决定各阿米巴之间的卖价呢？首先从最终卖价向前推算，由此决定各工序的价格。某种产品的最终卖价确定后，决定阿米巴之间卖价的原则是：制造该商品的各道工序都能获得大体相同的“单位时间附加值”（阿米巴创造的每小时附加值，在第四章详细阐述）。该产品以某个价格卖给客户，那么，最终的精加工部门什么价，烧制部门什么价，成型部门什么价，原料部门什么价，这样向前推算来决定各阿米巴之间的买卖价格。

这时候，某个部门因为卖价高，核算收益可观；与此相反，某个部门因为卖价低，无论怎么努力还是亏损。阿米巴之间出现不公平，就难免争吵。为了防止这种情况发生，在决定价格的时候，做出最终判断的经营领导人，必须有能力给出各方都能接受的公平的定价。对阿米巴之间的卖价做出判断的人，必须认真思考哪个部门会发生哪些费用？需要多少劳力？产品的技术难度有多大？与同类产品的市场价格相比又是如何？等等，从而给出公平的定价。就是说，判断、决定阿米巴间买卖价格的人，必须永远是公正公平的，而且必须具备说服大家的见识和能力。

同时，为了做出公平公正的判断，对价格有决定权的经营领导人必须兼备有关劳动价值的社会常识。比如销售电子设备需要百分之几的毛利，做这种工作临时工或小时工每小时的工资是多少，如果外发，需要支付多少钱。对这些情况，平时就要学习，要熟悉相关行情，这是很重要的。

为什么需要这些知识呢？我们看下面的情况。

例如本公司生产一种高附加值的高科技产品，在生产过程中有多道技术要求高的工序。假设其中有一道工序A是没有什么技术含量的作业。按照原则来讲，公司内部买卖在定价时，要让各工序都能得到大体相同的“单位时间附加值”。因为本来就是高附加值的产品，所以定价时就可以让各道工序都获得很高的“单位时间附加值”。

这么做的话，从事单纯作业的阿米巴A当然就可以得到非常高的“单位时间附加值”。但如果将这道工序外包，价格就十分低廉，与之相比，阿米巴A所得的份额就太高了。同样的工作，如果阿米巴A的价格是市场行情的几倍，那么，阿米巴A不用努力就可以赚得很多。与此相反，别的工序如阿米巴B需要高技术能力，考虑到今后的设备投资等，要追加许多费用，所以应该给予更多的“单位时间附加值”。在这种情况下，如果经营领导人具备有关劳动价值的社会常识，就不会让阿米巴A获取暴利，能够做出适当的调整，依据市场行情给阿米巴A一个合适的价格。

所以，在各阿米巴之间定价时，对各阿米巴的状况了如指掌的经营领导人应该按照劳动价值的社会常识，对各阿米巴所需要的费用、劳力做出正确的评价，然后设定适当的公平的卖价。

三、领导人需要经营哲学

利害对立破坏整个公司的道德，损害整体利益

如上所述，经营领导人要对照社会常识，公平地设定阿米巴之间的卖价。但即使如此，各阿米巴之间有时候仍然会因为利害对立而发生争吵。

比如，有的产品一开始设定了阿米巴之间公平的卖价，但是过了2个月以后，由于同行间的竞争，该产品的价格下降了10%。这时，各阿米巴之间的卖价都一概降低10%当然最简单，但因为各个阿米巴都是独立自主地经营，情况都不相同，如果一律下降10%，那么有的阿米巴就会提出反对："现在的卖价已经很苦了，再要下降10%，收支进一步恶化，这个产品就失

去了生产的意义，这个订单我们不要！”这样的话，卖价硬要一律下调 10% 就很困难。

各个阿米巴长要对自己经营的部门负责，同时要调整各阿米巴之间的卖价，对于减少自己部门收益的降价，往往不能轻易接受。为了尽量减少降价带来的负担，各阿米巴就会坚持自己的主张，因而引发争执。

在阿米巴经营中，各阿米巴长都想把本部门的收支核算做得更好，都想尽可能增加本部门的收益，而这种想法过了头，就很容易产生利己主义的倾向。为了自己阿米巴的利益最大化，无视别人的立场，使公司内部的人际关系变得庸俗、紧张。

另外，销售部门与制造部门之间也会产生同样的对立。一般的生产厂家往往会在自己的制造部门与销售部门之间采取“卖断・买断”的方法，即销售部门从制造部门买断产品，然后负全责去卖给客户。这时候，销售部门就会尽可能压低从制造部门进货的价格，尽可能以高价卖给客户，以期获取更多的利润。在这过程中，可以像独立的商社一样，品尝凭自己的才智做买卖的妙味。

但是，像京瓷这种产品直销型企业，如果也采用“卖断・买断”的办法，销售部门就会要求低价买入，制造部门就会要求高价卖出，销售和制造之间就会产生对立，从而损害公司整体的利益。如果制造或销售由于某方更强势而得利，就会加剧双方的对立，使整个公司陷入混乱。

为了防止这种情况发生，防止销售与制造产生对立，我们采用了“佣金制度”。比如，销售部门卖出产品有了销售额，那么就用这销售额的10%作为手续费，自动成为销售部门的收入。采取这种方式，销售部门虽然不能凭自己的才智赚得更多，但却可以获得相应的补偿。只要有销售，销售部门就能自动得到一定比率的手续费。

然而，采用这种方式，不管产品价格下降多少，销售部门仍能稳拿销售额的一定比率的手续费，因而销售部门就会轻易接受客户的降价要求。但对制造部门而言，成本一下要降低几成是极其困难的，弄不好就会跌入亏损，这是非常严重的问题。尽管如此，销售部门仍然会轻易答应客户的降价要求，因此，制造和销售之间就会经常吵架。好不容易才想出“佣金制”这一方式，确定了销售部门的收入，却仍然无法消除销售与制造之间的对立。

在海外的当地销售公司与日本总部之间，也发生了相似的对立和争吵。

1968年，京瓷在美国西海岸设立了派驻事务所，第二年又成立了当地法人“京瓷国际”（KII），以硅谷为中心开展了精密陶瓷零部件的销售活动。但是，一旦出现客户投诉和交货日期问题，KII的当地销售负责人与京瓷制造部门之间马上就出现纠纷。在美国的销售部门认为，自己的业绩无法提升，责任全在日本的制造部门，因而非常气愤。当时还是用电传联系的时代，抗议的电传接二连三地发到日本。

按理讲，客户提出投诉，制造部门和销售部门更应该互相配合、互相协助，为恢复客户的信任而共同努力。但在实际上，当面对危机时却发生了内斗。而且这种内部纷争还会辗转传到客户的耳朵里。当交货日期推迟、屡次受到客户指责时，当地有的销售人员就会毫无顾忌地说：“这是因为京瓷的生产部门不负责任。我已经多次发出电传催促，是他们不守信用。”为了维护自己的面子，销售员在客人面前贬低自己公司的生产部门。这么荒唐的态度让整个京瓷集团丧失了信用，再也不能从这个客户那里拿到订单了。

这样的对立，是出于自我保护的利己欲望，是与生俱来的本能。但是，在阿米巴经营中，因为把公司划分成了小组织，各个组织都要独立核算，所以首先必须提升自己部门的效益。这样，各个部门就容易滋生利己主义，彼此之间就容易引发矛盾。换句话说，在阿米巴经营中，维护自己小团体的想法越是强烈，部门间的争执就越发激烈，就越容易破坏公司整体的和谐平衡。

领导人应该成为公正的裁判

各个阿米巴“自己的饭钱自己挣”，如果不发挥自我保护的“利己”的一面，就无法生存；但是，另一方面，站在整个公司的立场上，谋求整体利益最大化，却是阿米巴本来的使命。个体利益和整体利益一旦对立，就会矛盾百出。为了克服这种矛盾，作为个体的阿米巴，在维护本部门利益的同时，还要超越立场的差异，站在更高的层次上思考问题，做出判断，这就需要经营哲学。各级领导人都需要具备这样的哲学。

这里所说的哲学，就是我平时一贯强调的、把“作为人，何谓正确”作为判断基准的经营哲学。把这种普遍正确的经营哲学作为公司经营的主心骨，各个阿米巴就会努力消除利己与利己之间的冲突，就会努力协调个体与整体之间的平衡。**所谓阿米巴经营，就是要以哲学为基础，正确解决部门间利害对立的问题，从而同时追求个体和整体的利益。**也就是说，阿米巴经营只有以哲学为基础，才有可能克服部门间的利害对立，正常地发挥它的功能。

能够成为领导的人，本来就以有主见、有魄力的人居多。另外，我也说过，当领导的就是要有主见，不怕争论，必须有这种热情。但是，当公司内部发生利害对立，开始吵架时，如果语言强硬、态度顽固的领导人为了自己利益的最大化，不惜践踏对方的立场，就无法维护公司整体的利益，无法维护公司的道德风尚。正因为如此，为了避免采取“自我中心”的行动，领导人需要努力去掌握严于律己的、高层次的哲学，决不能懈怠。

当争执不休、对立加剧时，上一级领导人就要出面调停。这时候，这位上司就要认真听取双方的意见和说词，像大冈忠相法官一样做出公平的裁决（大冈忠相是日本江户时代有名的法官，以公正而具人情味的裁决著称）。关键是这样的裁定要让各方都心悦诚服。在涉及公司内部买卖价格时，必须做出公正的判断。比如，有时就要直言不讳地指出：“这是你不对！你必须更加努力，你必须降价！”

不撒谎，不骗人，要正直

当今，有的大企业为了让公众看好自己公司的业绩而做假账、发表虚假报告，这一类舞弊行为接连不断。因为如果如实报告，公司将蒙受损失，于是就篡改数据，欺世盗名。许多公司都无视企业经营的基本伦理。虽然程度不同，但无论是在日本还是欧美都有这样的公司。组织变大，违法就易于发生。如果揭开盖子，就会发现多数世界性的大企业或许已经产生了腐败。

出现这类问题，是因为作为领导人的经营者缺乏严格自律的伦理观，无法杜绝以自我为中心的行为。这里所谓的伦理观，不是高深的哲学，而是“不撒谎，不骗人，要正直”等教育小学生的最朴实的伦理。

如果对那些营私舞弊的经营者讲什么“不要说谎、不要骗人”之类的话，想必他们都会不屑一顾：“那样的道理路人皆知。”但是，“知”和“行”是两回事。头脑里知道的东西，实际上并没有化为自己的血肉，所以一旦遭遇情况，就会不假思索，撒谎骗人。

在这世上，为了拓展事业，一般都认为需要头脑敏锐、富于商才的优秀干部。因此，许多企业都不约而同地招聘那些一流大学毕业的高材生，并委以重任。

但是，俗话说“聪明反被聪明累”，优秀人才的才智一旦用错了方向，往往会引发始料未及的问题。缺乏才能的人，甚至想不到那些坏点子。就因为有那么一点半点的才智，才会动歪脑筋、干坏事。

经商不能缺少才智，但越是有才智的人，越需要具备相应的高尚人格，否则就会做出令人啼笑皆非的事情。经营者因为不能战胜自己的欲望而干出让人难以置信的坏事，这样的例子不胜枚举。

有商才的人，正因为有了那份才智，往往比较自我。驾驭人的才智的，是此人原本具备的人格。因此，如果想要抑制利己的自我，我们就必须提升自己的人格，以驾驭自己的才智。**在谈及高层次的人格之前，首先必须确立最起码、最朴实的伦理观。**全世界的许多经营者现在连这种最基本的伦理观也已经忘却殆尽了，这难道不是事实吗？

即使在实行阿米巴经营的京瓷公司，有的阿米巴长为了让自己部门的经营看起来比实际情况更好一些，就在生产统计上弄虚作假。本来业绩不佳，如实报告“做得不好”，是阿米巴长的本分，结果却生怕受到上司和周围人的批评，因而掩饰真相。这说明他们缺乏领导人应该具备的真正的勇气。

京瓷公司一贯珍视**公平、公正、正义、勇气、诚实、忍耐、勤奋、博爱**等十分朴实的价值观。对这些基本价值观如此珍视的企业，恐怕全世界也找不出来第二家吧！正因为这样，京瓷集团才培育并维持了高尚的伦理观和优良的公司风气。

我一贯强调领导人必须是一个人格完美的人。人格是不断变化的东西。人一旦成功，受人追捧，就会傲慢起来，以至迷失自我。如果不能时时约束自己，不断纯化自己的心灵，就无法保持高尚的人格。领导人为了带领集团走向正确的方向，不光要有能力，要能胜任工作，而且要不断钻研，提升心性，磨炼心灵，成为一个具备高尚人格的人。**从经营者到阿米巴长都必须具备优秀的人格。**

哲学要在经营中具体活用

在阿米巴经营中，京瓷的薪酬制度浓厚地体现了京瓷的哲学色彩。某个阿米巴不管把“单位时间附加值”提得多高，公司也不会因此给予高额的工资或奖金，**京瓷不采取用金钱刺激人心的报酬制度。**当然工作的成绩会得到肯定，也会反映在长期的工资待遇当中。但是，不会因为“单位时间附加值”高，就相应地增加工资、奖金。取而代之的做法是：如果阿米巴做出了杰出的业绩，对公司做出了很大的贡献，就能得到互相信赖的伙伴们的赞赏和感谢，获得精神上的荣誉。

这种话如果讲给公司外面的人听，他们会觉得不可思议，“这种做法真的行得通吗？”但是，在我们公司，依据京瓷的经营理念，“能够为互相信赖的伙伴的幸福做出贡献，这才是自己部门存在的价值”，这样的思想已经根深蒂固。所以大家都觉得，为公司做出贡献而受到众人的赞赏才是最高的荣誉。“在追求全体员工物质和精神两方面幸福的同时，为人类社会的进步发展做出贡献”是京瓷的经营理念，而阿米巴经营是作为一项制度，将这一理念具体化的经营体系。

正如前面所述，阿米巴经营是以经营者与员工、员工与员工之间的信赖关系为基础的、全员参与的经营，所以无论是在工厂工作的员工，还是走访客户的销售人员，大家都会朝着各自的目标努力奋进。

在京瓷，因为每一个人都抱有“自己也是经营者”的意识，所以干活时就能感受到工作的价值，就能与伙伴们分享工作的成果，分享成功的喜悦，互相表达感谢之情。阿米巴经营能让员工们感觉到是自己亲自在经营企业的喜悦，是尊重每一个人劳动的“尊重人性的经营”。

让有实力的人成为领导者

组织运行中最重要的事情，就是要让真正有实力的人来担任组织的领导。出于温情主义，论资排辈，让缺乏实力的人充当领导，那么公司经营马上就会碰壁，让全体员工陷入不幸。虽然经验不足，但是德才兼备，充满热情，受人信任和尊敬，把这样的人物放到适当的领导岗位上，公司才能在严酷的竞争中脱颖而出，成长发展。京瓷就是按照这种“实力主义”的组织原则来运行的。

所谓“实力主义”，就是不受年龄和经历的限制，大胆提拔有真才实学的人，把他们放到负责任的岗位上，由他们来领导公司走向繁荣。这些受到重用的人，发挥他们的实力，取得优异的业绩，从长远看，也要给他们与实力和业绩相对应的待遇。

但是，采用实力主义，有时也会碰到问题。把一个有才干、有威信的年轻人提拔为董事，有时会招致周围前辈们的妒忌和抵制："那家伙比我还晚三年，怎么先把他提为董事？简直是乱弹琴！"

这时候我就会这么说："前辈员工们，你们没有必要一味地愤愤不平。你们不妨冷静地想一想，如果换上你自己去当董事，是不是真会对公司有利。那时候你们就会意识到，还是让那家伙当董事才能给公司做出更大的贡献。让年轻有为的人才充当公司的领导，才能给全体员工带来幸福。所以不要对提拔年轻人抱嫉妒怨恨的态度，而是要由衷地表示高兴和欢迎才对啊！"希望我们京瓷的干部有这样的气度，不是按年功序列，自以为是地认为"这回该轮到我了！"而是要让有真才实学的人物来引领公司的发展。

以前曾有过这么一个小插曲。京瓷创业十几年以后，公司的股票上市。考虑到公司的业务范围要进一步扩大，必须开拓新的领域，这就需要具备各种各样经验、技术和智慧的人才。我想到要从公司外部引进胜任新事业的人才，于是就征求与我共同创业的同志们的意见。

我这么试问："这次我打算引进这样一个人物，他的地位可能要放在同我一起创业的各位同志之上，不知道你们能不能认同？如果大家认为：'因为是我们创建的公司，所以把一个不知根底的人放在我们上面，令人难以接受。'那么我就放弃这个念头。但是，常言道，'螃蟹只会比照自己壳的大小打洞'，公司的规模超不过经营层的器量。如果大家认为：'我们的心胸不至于那么狭窄，京瓷创业时，我们就发誓要把公司发展成世界第一，所以如果需要中途引进干部来当我们的领导，那也行，我们能接受。'如果大家这么表态，那我就决定聘用。"

于是，大家痛快地允诺："我们不介意让他来当我们的上司。"因此我就把这个人物引进了公司。

那些中途聘用的优秀人才不久就对京瓷的发展做出了巨大的贡献，这是毫无疑义的。参加京瓷创业的人都充分理解，只有实力主义才是公司发展的基础，才能给员工们带来真正的利益。这个小插曲生动地表达了京瓷实力主义的原则。

基于这一条原则，京瓷一贯努力，从公司内外物色实力和人格兼备的人才，不管定期招聘还是中途引进，也一概不论学阀和派系，积极录用有能力、有威望的年轻人才。实力主义不但是阿米巴经营的重要的组织运行原则，也是支撑京瓷不断成长的经营原则。

绩效主义和人的心理

京瓷的经营遵循实力主义的原则。但是欧美有很多企业都采用了绩效主义。欧美派的绩效主义按照工作成果的大小，大幅度地增减报酬，是一种赤裸裸地刺激员工物质欲望的方法。成果大就给予高报酬，成果不提升就降低报酬，有时甚至会遭到解雇，这是一种缺乏人情味的人事制度。

我早就认为，经营者必须对人的心理有敏锐的洞察力。贯彻绩效主义，因为业绩提升了就能获得高报酬，能够刺激员工的积极性，所以从短期来看，也许是一种有效的经营方法。

但是，工作业绩不可能一直上升，必定会有下落的时候。人心是不可思议的东西，一旦业绩提升、拿到高报酬以后，就会在无意识中习以为常。所以在业绩恶化、报酬减少以后，“过去业绩好，所以报酬高，现在业绩不好，报酬减少也没关系”，能这么理性思考的人几乎不存在。所以当报酬大幅下降时，士气也随着下滑，对公司的不满情绪日益强烈，在这种氛围中，企业不可能顺畅经营。

另外，还有公司打着按劳分配的旗号，依照各个部门的业绩，来增减各部门的报酬。采取这种制度，业绩好的部门士气高涨，业绩差的部门士气低落。这就会引发部门间的妒忌和怨恨。

采用绩效主义，在业绩差、报酬减的时候，就会催生员工的不满、怨恨和妒忌的情绪。因此从长远看，反而会促使公司内部人心涣散。

特别是日本民族是一个同质性的民族，“向旁看”的中庸意识非常强烈，对于报酬待遇方面过大的差距，心理上十分抵触。在日本企业里导入欧美式的赤裸裸的绩效主义，开始时，“只要努力就能多拿奖金”，组织似乎有了活力，但是，过不了几年，由于妒忌和怨恨必定招致人心的涣散。

当然，话虽然这么说，要让所有的员工待遇都一样，那也是不行的。有的人为了大家勤奋工作，有的人却不是这样，给他们完全相同的待遇，就变成了绝对平均主义。在阿米巴经营中，不会因短期的成果把个人的收入差距拉得太大，但是，那些为了众人拼命工作，而且在长时段中业绩显著的人，对于他们的实力当然会做出恰当的评价，并且在加薪、奖金、升职等待遇中体现出来。

做成他人无法模仿的事业

在社会上，在谈到制造企业的经营时，一般人都认为所谓高新技术企业，即拥有高技术的企业才是优秀企业。拥有强大的专利，或者拥有最尖端的技术，这样的企业会被评定为优秀企业。

拥有专利或尖端技术当然很重要，但是，这种专利或技术常常是一时领先，过不了几年，竞争对手就会创造出新的方法赶超过来。如果这家企业仅仅依靠技术，当被别的公司赶上时，该如何是好呢？能够运用聪明才智，接二连三地开发出新的技术，那当然没有问题，但在当今技术进步日新月异的时代，要做到这一点极其困难。因此，当竞争对手迎头赶上的时候，这家企业的优势一下子就烟消云散了。

技术优势这个东西不可能永远不变。所以如果想要实现企业的稳定经营，最重要的是什么呢？**即使技术**

并不是特别先进，但是能够把看起来谁都能做的普通的事业做成一项卓越的事业，这一点才是最重要的。就是说，看起来似乎是谁都能干的事业，但“那家公司别具风格，另有一功”，经营做到这一步，才体现了公司真正的实力。

最近，京都代表性的电子零部件企业罗姆、村田制作所以及我们京瓷公司，在经济萧条中依然生机勃勃。看到这种状况，有的整机厂家就表示：“整机组装已经没有什么获利空间，所以我们也想进军电子零件、电子元件领域。”

他们说“整机组装已经没有什么获利空间”，但我不这么看。组装这项工作，并不仅仅是在基板上搭载零件。设计电路，组合零件，赋予最终产品卓越的功能，交付给客户，这是非常了不起的事业。将零件巧妙组合的结果，可以让产品的功能呈几何级的增加，飞跃性地提升产品的附加价值，这才是整机厂家本来的使命。只要下功夫钻研创新，整机组装照样能做出可观的利润。忘记了制造厂家的原点，看到现在电子零部件行业赚钱，就想出手，蠢蠢欲动，这样的公司不可能成功。**不论是哪个领域，只要不惜智慧和努力，**

开发出感动顾客心灵的新产品，就一定能创造出无限的附加价值。

这个道理绝不仅仅局限于高科技产业，在支撑日本经济的中小企业中，有许多做鞋、做毛巾、做服装的企业，其中有不少企业因受到廉价的中国进口产品的影响而相继破产；但也有一些企业不断钻研创新，付出不亚于任何人的努力，继续把企业经营得有声有色。

在这种传统行业里做出优异业绩的企业，在当今社会中并不那么引人注目，但是，能够把平凡的工作做成卓越的事业，这样的企业才是真正非凡的企业。

京瓷的子公司 KCCS 是一家从事阿米巴经营咨询的公司。在接受咨询、导入阿米巴经营的企业中，大多数都属于传统行业。这些企业由于导入了阿米巴经营，提高了员工参与经营的意识，把收支管理贯彻到每个阿米巴单元，因而能够不断提升工作的附加价值，无止境地提升企业的效益。

像这样，即使没有最尖端的技术，即使是平凡的工作，也能够实现高收益的经营。即使看起来枯燥、平凡的事业，也能让它绽放光彩，这才是阿米巴经营真正的价值所在。

03

第三章

阿米巴的组织构建

一、划分小团队，明确其职能

首先明确职能，然后依据职能构建组织

组织是企业经营的基础，是一个非常重要的要素。构建组织是经营企业的根本。一般说来，多数企业是根据所谓的经营常识来构建组织。但如果只依靠常识构建组织，那么，在不知不觉中，组织的成员就会增加，导致机构臃肿，人浮于事。

例如，创立不久的制造企业，遵照一般组织论的常识，需要设置制造、研究开发、销售等部门，还要有财务、人事、总务、资材等管理部门。进一步发展，还要在各个部里设置科和系，那么组织的数量势必增加，需要的人数也会不断增多。

为了避免组织像这样臃肿化，首先要考虑企业运行中必不可缺的职能，然后依据职能来构建组织。“因为别的公司是那样构建组织的，所以我们也依样画葫芦”，这种模仿他人的想法不可取。**为了高效地运行企业，首先要明确企业必须具备哪些职能？**接着就要考虑，为了实现这些职能，最低限度需要哪些组织？然后再考虑，为了运行这些组织，最少需要多少人员？

以京瓷为例，在公司创立初期，没有单独设置财务、人事、总务、资材等组织。其理由是：作为生产厂家，最基本的职能是制造、研发和销售。除这三个部门之外，腾不出更多的人手，所以只设置一个管理部门来承担其他各项工作。管理部门只有很少的几个人，负责除制造和开发外所有的工作，是一个没有丝毫赘肉、非常精练的组织。

在阿米巴经营中构建组织就是根据这样一条原则：“首先明确职能，然后依据职能构建组织”，根据必需的最低限度的职能，构建非常精练的组织。

打造每个人都具备使命感的组织

在京瓷创立后相当长的一段时间里，我亲自开展销售活动，从客户处获取订单，亲自开发产品并参与制造，一个人要承担多项工作。从这些经验中，我考虑到，经营一家制造企业，最低限度必须具备销售、制造、研发、管理四种职能。因此我构筑了如图表 1 这样的组织。

京瓷初期的按职能划分的组织

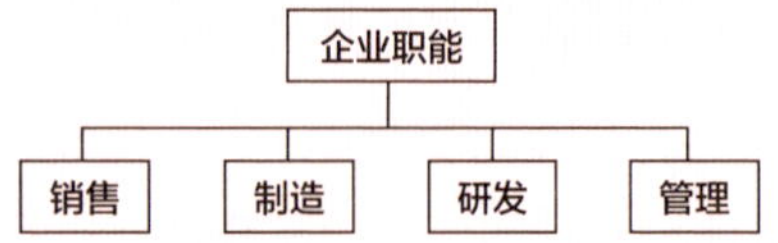

图表 1

现在的大多数制造企业也使用这种按职能划分组织的方法，但是，仅仅将组织按职能划分是不够的。为了让整个公司团结一致，共同推进经营，归属于各个组织的员工们，必须铭记自己组织的职能和作用，将之视作自己的责任，这样一种使命感才是最重要的。

例如，销售部门的作用是要通过销售活动获取客户订单，确保制造部门有活可干，同时要向客户提供满意的产品和服务，并回收货款。制造部门的作用是要不断生产出在价格、质量、性能、交货日期等方面让客户满意的产品，并创造利润。为此，在生产优质产品的同时，必须彻底地降低成本，无止境地提升附加价值，这就是制造部门的职责。

在京瓷，把制造、销售、研发、管理的基本作用做如下定位：

- 制造　通过生产出让客户满意的产品，创造出附加价值。
- 销售　通过销售活动（从获取订单到回收货款）创造出附加价值，同时提高客户满意度。
- 研发　依据市场需求，开发新产品、新技术。
- 管理　支持各阿米巴的业务活动，促进公司整体的协调运行。

再进一步说，业务活动必定有它的工作流程，而且这个流程由多道工序组成。如果各道工序不能忠实地履行各自的职能，各工序之间又缺乏联系和协作，那么工作就难以推进，经营就不可能顺畅。在建立一个新的组织时，必须清楚地描绘出业务流程，明确各道工序必需的职能，并沿着这个业务流程切实履行各道工序的职能。

在这基础之上，为了发挥公司组织的力量，构成公司的各组织的每一个人都必须深刻认识自己的任务和责任，具备无论如何也要履行责任、完成任务的强烈的使命感。这是必不可缺的。这一点看似理所当然，但对于阿米巴经营的组织来说，其实是最重要的要素。

细分组织的 3 个条件

那么，已经按照上述职能进行划分的组织，如何进一步细分，以构建阿米巴组织呢？

各个阿米巴组织，既要承担构成公司整体的某一项职能，同时又是以独立核算的形式开展业务活动的组织。因此，并不是简单地将组织划小就行了。如何划分阿米巴十分重要，它决定了阿米巴经营的成败。

在第二章里已讲到，构建阿米巴组织有 3 个条件，细分组织必须满足这 3 个条件。

条件 1　阿米巴必须是能够独立核算的单位。就是说，阿米巴的收支状况能够明确地把握。

条件 2　阿米巴必须是一个独立完成某一业务的单元。就是说，在经营阿米巴的时候，阿米巴长有钻研、改进、创新的空间，能够感觉到自己工作的价值。

条件 3　划分组织必须有利于贯彻实现公司的方针和目标。就是说，不能因为组织的细分而妨碍公司方针和目标的贯彻与执行。

京瓷创业后，我自己在划分组织的时候，首先着眼于对公司收支影响最大的制造部门。那时，我们制造的是电子工业专用的精密陶瓷零件。为了弄清楚各道工序收支核算的状况，我就把制造部门按工序分割成几个由少数人组成的阿米巴，并分别配置了阿米巴长，委托他们负责整个阿米巴的经营。如图表 2 所示，按工序细分制造部门，构建了分工序的作业单元。

随着公司的成长，生产的产品品种也飞速增加。这就有必要按品种来划分阿米巴组织。同时，因为原有的工厂面积太小，后来又接连兴建了滋贺工场等新的工厂，所以又有必要按工厂来划分组织。就这样，分工序、分品种、分工厂建立了各种各样的组织。随着公司的发展，阿米巴组织的数量也迅猛增加。

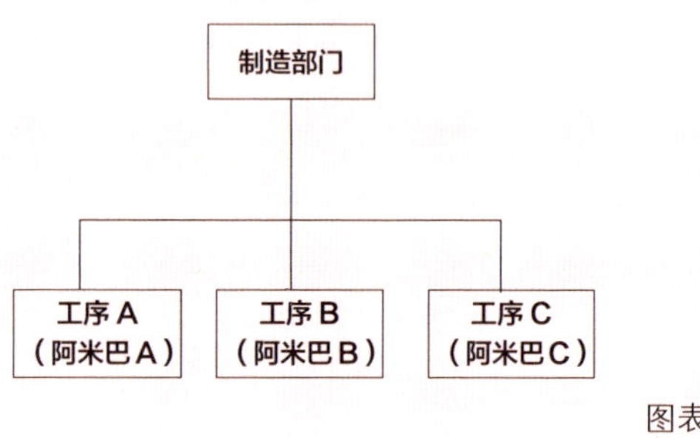

图表 2

同时，在销售部门，也以分地区、分品种、分客户等各种方式细分组织。研发部门、管理部门也出现了同样的细分化的倾向。

过了不久，为了谋求经营的稳定和公司的成长，我又开拓了多项新事业。为了让多种多样的事业都能顺利运行，我采用了事业部制，积极推进事业的多元化。现在的京瓷，细分后的阿米巴数量已经达到了 3 000 个左右。

要让经营者看清经营实态

从企业经营的视角来看，像这样细分组织，究竟有什么好处呢？我想以一家食品店为例做出说明。

假定这里有一家由家族经营的食品商店。店面虽然不大，但卖蔬菜、鱼、肉，还经营干货、罐头、速食品等。当客人来购物时，店主把钱放进吊在店门口的篮子里，又从中取零钱找给客人。一天的生意结束后，店主倒出篮里的钱，计算当天的销售额。这就是所谓“盖浇饭”式的笼统经营。

如果经营的品种数量有限，凭店主的经验和直觉，店铺尚能勉强维持。但是，因为该店经营各种各样的食品，要掌握经营的实态就不那么容易了。因为品种不同，商品的性质也不同，销售的方法也随之不同。

首先，商品不同，保质期就有很大差异。肉类要放在冷库里保存，鲜鱼至多保存一天，而蔬菜很快就会枯萎。商品的保质期不同，定价的方式也就会各不相同。如果是卖不掉就要丢弃的商品，就要保证有较高的毛利；保质期较长又畅销的商品不妨薄利多销。商品的性质不同，销售的方式就要发生变化。因此，应该分品种对这些商品进行管理。明白哪个部门赚了，哪个部门亏了，应该弄清各部门的收支盈亏情况。

以该店为例，可以划分成蔬菜、鱼、肉、加工食品四个部门分别进行核算。如果分部门统计销售额和费用有困难的话，只要准备四个装销售额的篮子就可以了。如卖蔬菜的钱装在蔬菜部门的篮子里。这么做，就可以计算各部门的销售额。把篮子分为四个是问题的关键。这样等到店铺打烊后，数一数各个篮子里的钱，各个部门当天的销售额就能一目了然。

但是，商品进货的货款，以及店里发生的一般的费用，绝不可以从篮子里拿取，而要从篮子以外的、在别处管理的资金中支付，并保存支付凭证的票据。这样就能统计出各个部门的进货金额和其他的费用支出。

从篮子里收到的一天的销售额减去各自的进货成本，再对卖剩需要丢弃的东西作处理后，就能明确各部门的收支状况。一天里蔬菜、鱼、肉、加工食品各个部门各赚了多少钱，很快就可以计算清楚。看了分部门核算的结果，也许就可以得出“我们这个店本来一直以为卖蔬菜赚钱，其实是鱼赚的钱最多。蔬菜的销售方法应该更好地研究一番了”的结论。因为对经营的实态和问题了如指掌，所以马上就可以采取对策。

在此基础上，如果再决定责任分担，比如“让长子管蔬菜，让次子管鱼……”就可以进行更为细致的管理。即使是经验缺乏的年轻人，只要让他们负责某个领域，他们就会认真考虑本部门的销售方法，并不断改进。如果是蔬菜，负责人就会预测今天可能会卖掉多少，以此决定各种蔬菜进货数量。为预防蔬菜枯萎他还会常常洒一点水，到傍晚，他会把卖剩的蔬菜降价处理，等等。采取各种办法，让不赚钱的部门也能赚钱。

这虽然是一个不考虑库存的简单例子，但是只要正确地采取分部门核算的办法，盖浇饭式算统账时看不清的经营实态，就能清晰地呈现。“哪个部门需要改善？”“今后哪个部门要加大力度？”下一步要采取的措施就变得一目了然了。

总之，在细分组织的时候，从经营者的视角来看，以什么层级的单元进行核算才能更清晰地看见经营的实态，这才是关键。经营者作为公司的掌舵人，必须一眼就能看清整条船的动向，所以必须站在经营者的视角上构建组织，要让经营者能够切实感觉到对各部门的实态了如指掌，这是最重要的。

选拔年轻人才担任阿米巴长并加以培养

然而，当想要对组织进一步细分的时候，当然就需要有人来领导这个阿米巴，因此就会遇到如何挑选阿米巴长的问题。特别是在人才不足的情况下，选谁来当阿米巴长的问题就更令人头痛。

当然，缺乏适当人选，却硬要将组织细分，这也不妥。在领导人选十分紧缺的时候，应该在现有人才能够运营的范围内划分组织。另外，将组织进一步细分时，可以考虑暂时让上级部门的领导人或其他阿米巴长来兼任。

但是，**阿米巴经营的目的之一，就是要培养具备经营者意识的人才。**所以，要努力发掘可能成为阿米巴长的人才，即使他现阶段还缺乏足够的经验和能力。让这样的人才担任阿米巴长，这一条很重要。但在这种场合，不能把经营责任往这位新的阿米巴长身上一推了事，而是要有人对他进行指导和监督，指出他的不足，有意识地培养他。就是说，在阿米巴长人选不足时，有必要合理地划分组织，选拔和培养有潜力的人才充当阿米巴长。

我在开辟新事业时，一贯强调“人才才是事业的起点”。所以我不会仅仅因为有商业机会，就开展一项事业。只有确认了在公司内部有适合新事业的人才，或者公司内部虽然没有，但公司外部有合适人选，而且此人已确定要加入公司，我才会着手开拓新事业。“有了合适人才，方能参与新事业”，这是我坚定的原则。

在阿米巴经营中，由于将组织进行了细分，所以即使选任的新的阿米巴长做得不理想，也几乎不会动摇企业的根基。所以，即使他们经验有所不足，即使对他们不太放心，也要大胆起用，让他们在实践中积累经营者的意识和经验。这一条非常重要。

划分组织，拓展事业

京瓷的零部件事业，过去曾被分为制造部门和销售部门两个组织。但不久后，制造部门又分成了精密陶瓷零部件、半导体零部件和电子零部件三个组织。与此相反，销售部门却仍然是一个销售精密陶瓷的组织。当时即使在人数很少的地方营业所，也有销售员专职负责某一事业本部的产品。

比如，精密陶瓷零部件事业本部、半导体零部件事业本部和电子零部件事业本部，分别有各自的销售负责人。如果这三个人都去同一客户处销售，站在客户的立场上，他们会说：“何必要来三人，由一人负责，我们方便应对。”确实，由一个人兼任看起来效率较高。

但是，如果只派一名销售员，他往往就会把精力集中到容易取得订单的产品上。对于销售员来说，只要拿到订单就行，而不管这是哪个事业部的订单。因此，他就不愿意投入要耗时耗力才能开拓的新客户和新市场。但是，对于采取独立核算的各个制造部门来说，没有订单就无法开展事业。因此，按理讲，各个事业本部都应该配备自己专职的销售员，但配备了，却没有那么多订单，没有那么多事干。

在这种情况下，各事业本部是配备专职销售员好呢，还是效率优先，由销售员兼任好呢？要做出恰当的判断非常困难。但是，一味考虑业务效率，销售额却长期停滞不前，那也不行。配备专职销售员，哪怕现在拿到的订单很小，将来却可以争取到大的订单。这才是应有的姿态。

考虑到阿米巴经营的初衷是通过提升各部门的销售额，通过独立核算来提升效益，因此，哪怕看起来效率不高，有损失浪费，还是应该把销售组织分开。在组织可以细分的时候，即使增加一点费用，却可以获得更多的订单，提升销售额，提高效益，促进相关事业的发展。应该这样去思考问题。

二、迅速应对市场变化的柔性组织

构建现在就能战斗的体制

阿米巴组织建立后，在维护和运营上，有几点需要注意。

阿米巴经营的目的之一，就是要实现“与市场直接联动的分部门的核算制度”。为此，不仅要将组织细分，而且必须让阿米巴组织能随时迅速地应对市场的变化。

京瓷从创业开始就以订单生产为主，即从客户处获取订单，然后生产产品。因此，按照订单的情况，使用有限的人才和设备，如何依据市场动向随机应变，确立高效率的生产体制，就是当时必须考虑的重要课题。

以前，有过这样的事。某部门的负责人来找我，他提出明年打算变更组织。我立即指示他："作为一个部门的经营者，既然发现自己的组织有问题，为什么要把组织的变更拖延到明年？下个月你就应该立即实施。"

我们的事业面对的是急剧变化的市场。如果组织体制不能按照市场的动向和变化，灵活柔性地改变，就难免被市场淘汰。**"不能建立现在就能战斗的体制，就会在竞争中落败。"出于这种危机感，我经常改变和调整组织形态。**

实际经营企业的人都能理解：有时拼命思考，认为"应该这样改编组织"，但过了一段时间再度思考，又会觉得"这样改编会产生矛盾，行不通！"有人会想，这么轻易地变来变去，有失体面。但是，如果对实际工作进行认真思考，事实上"朝令夕改"有时就难以避免。

阿米巴经营的特长是，对于领导的意图，现场"一敲就响"，立即呼应。想到"这个办法不错"，马上就动手实行。想法改变了，认为"这个不行，该那么去做"，就对部下说一声"对不起！"立即改正。阿米巴经营的好处就在于，想到一个好点子就马上实行，做出成效。有关组织变革，要以"朝令夕改乃必要之举"为前提，敢想敢做，生气勃勃地开展事业。

在实践阿米巴经营的时候，不能让组织僵化。要经常思考现有的组织是否适合市场的情况，要随机应变，灵活地改变组织。现在，为了适应市场的变化，大到事业部的合并和分割等公司规模的变动，小到现场阿米巴单元的变更，组织的进化正在反复进行。为此，每个月都会更新写有全体员工姓名的组织图，并发给所有的干部。有了这张组织图和分部门的核算表，干部的头脑里就会浮现出自己部门成员的面孔和姓名，就能准确掌握他们的活动状况。

因为组织的自由度很高，所以经营理念特别重要

阿米巴在小团队独立核算的基础上开展各自的经营，可以说它是自由度很高的组织。它不是在别人的管理之下开展活动，而是发挥自己的主体性，主动开展工作，因而是一个能够提升自身能力的组织。但是，正因为是自由度很高的组织，所以阿米巴长和阿米巴成员对于经营所持的意识和道德水平的高低，就会受到考验。

在第一章已经谈到，阿米巴在公司内部要互相买卖。产品在工序间流动的时候，不是按照成本计价，而是要加上自己的利润再卖给下道工序。那么，在决定卖价时，

是不是只要考虑自己的效益就行了呢？当然不是。

例如，某种要通过几道工序才能制造出来的产品，客户要求大幅降价，在必须降价的情况下，就会产生由哪个部门来消化的问题。这时候，各阿米巴长就不应该一味强调自己部门的利益。即使收支状况严峻，也得为整体的利益而下调价格。换句话说，要以体谅他人的利他之心，考虑公司整体的协调，采取适当的行动。

假如这时候有一位阿米巴长主动提出："好，我们来把价格下调吧。"但是在实际的经营中，不管你如何体谅他人，如果"为了公司利益降低卖价，自己部门的收支恶化了"，这就没有意义，对公司整体的经营仍然没有帮助，这不是真正的利他。如果真的是为公司着想，那么就要下决心付出加倍的努力："按照这一价格，本来做不出利润，但是我们要想尽办法，非挤出利润不可！"就是说，准备采取彻底的、没有先例的削减成本的措施，准备付出异乎寻常的努力，抱着这样的决心在价格上作出让步，这才是真正的利他。

还有一种情况，事业部长在公司外同客户进行价格谈判的时候，因为经济萧条，订单大幅下降，或者担心被竞争对手抢走订单，认为"市场形势严峻，降价实属无奈”，因而在毫无盈利自信的情况下，接受客户大幅降价的要求。制造部门埋怨“这样的价格怎能不亏”，结果陷入赤字。但是，作为部长出面交涉，就不应该采取这种不负责任的态度。如果事业部长准备接受客户的降价要求，那么他必须在事前就彻底思考清楚如何削减成本，如何确保利润。思考之后，抱着“绝对能行”的自信，拿下订单。然后，事业部长还要说服制造部门：“沿用过去的做法，确实难免亏损，但是如果采用这种新方法，大家齐心协力，应该能够做出比过去更高的利润。”以这种态度取得大家的理解和协助，大家团结一致，面对困难，这是非常重要的。

各个阿米巴是在共同的理念之下，在同一个公司内，一起奋斗的命运共同体中的一员。因此，就要求每一位阿米巴长在明确坚持自身立场的同时，抛弃利己主义，为公司整体利益着想，做出作为人应该有的正确的判断。在这个前提下，各阿米巴在与整体保持一致的同时，必须努力追求各自的收益。正因为在这个集团的根基里，流淌着普遍正确的哲学思想、经营理念、价值观，所以无论如何细分组织，整个公司仍然会像一个生命体一样，正常地发挥它的机能，生生不息。

三、支撑阿米巴经营的经营管理部门

本书一开始就提到，阿米巴经营是我在经营企业的过程中，为了实现京瓷的经营理念而创建的“经营管理体系”。支撑这个体系的思想，以及阿米巴的手法、框架结构，需要维护和管理，还需要发展和进化。为了承担这种责任，我设立了“经营管理部门”，这是一个非常重要的组织。

经营管理部门是处理整个公司经营数据的部门，为了把好经营之舵，它承担了正确收集和汇总重要经营信息的作用和责任。这种经营信息好比飞机驾驶舱内各种仪表盘上的数字，经营管理部门要让这些经营信息正确地发挥作用，它是从根基上支撑阿米巴经营的一个部门。

为此，经营管理部门作为京瓷经营思想，即“京瓷哲学”和“京瓷会计学”的实践部门，必须具备使命感和责任感。换句话说，就是要遵循原理原则，追求事物的本质，坚持以“作为人，何谓正确”为判断的基准。

下面分三个方面阐述经营管理部门在阿米巴经营中应该发挥的三个基本作用。

制定阿米巴经营正常运行的基础制度

为了保证实际的经营活动顺利开展，为了让阿米巴经营正确地发挥功能，经营管理部门构筑了两种有代表性的业务体系：“订单生产体系”和“库存销售体系”，并承担让这两个体系正常运行的任务。

同时，经营管理部门要制定、修订并贯彻企业经营管理所必需的公司内部规则。在制定公司规则并对规则进行维护管理的时候，重要的是要明确规则的意义和目的。

理想的公司内部规则的制定需要参照以下的 5 条标准。

①要符合公司的基本思想和价值观

制定公司规则的前提是：所制定的规则必须符合公

司的基本思想和价值观（在本公司，就是京瓷哲学）。为了让公司经营长期地持续成功，就必须具备正确的判断基准。公司规则中必须反映全公司应该共有的经营哲学，必须反映经营高层的方针，这样才能使事业顺利发展。

②要从经营的角度出发

在制定公司规则的时候，要从公司经营的角度出发制定。“现在是一种什么经营形态？”“为了发展事业，应该建立怎样的组织体制？应该如何明确组织的作用和责任？”必须理解这些问题，制定适合公司发展的规则。

为此，在制定公司规则的时候，依照经营形态和组织形态，究竟怎么确定阿米巴的实绩（包括销售额、总生产、费用、时间），要通过具体模拟来构建规则，这一点很重要。

③要如实反映经营的实际状况

制定的公司规则必须使经营数字如实无误地反映经营的实际状况。为此，要看透事物的本质，把复杂现象简单化，让任何人都能掌握经营的实际状况。必须这样来制定公司规则。

④具备一贯性

制定的规则必须具备一贯性。在构建新的规则的时候，如果只考虑某个特殊的事例，那么，所制定的规则与原有的规则之间就会产生矛盾或差异。制定规则应该依照一贯性的思维方式。构建每一项具体规则时，必须考证它是否保持了一贯性。

⑤对整个公司都要公平

公司内部的规则应该公平公正地适用于全公司。公司内部规则不是针对某个特定的事业部制定的，而是依据公司整体统一的思想和基准来制定的。同时，阿米巴经营的前提之一，就是所有的部门在平等的条件下相互切磋琢磨。为此，就要求公司内部规则对所有部门始终都是公平公正的。

正确、迅速地反馈经营信息

企业经营者以及各部门的领导人必须迅速且正确地做出经营判断。为此，必须正确及时地掌握当前实实在在的经营状况。如同飞机驾驶舱的仪表盘一样，所有的经营信息都必须如实地反映经营的实际状况。

为了实现这一条，就要以经营管理部门为核心，构建具体的方法和体系并付诸实施。

正确管理公司资产

同掌握经营的实绩一样，正确管理公司的资产也非常重要。这里所说的公司资产，包含了订单余额、库存、应收账款、固定资产等所有的公司资产。这对于公司经营而言，是非常重要的经营信息。

本公司依据“一一对应的原则”管理所有的物品和钱款。实绩和余额也一直采用“一一对应的原则”进行管理，保证了数字的统一性。

经营管理部门针对余额，和针对实绩一样，也要进行彻底的管理。并且按照需要，敦促各个部门合理管理各自的资产，发挥促进公司资产正确管理和运用的积极作用。

[盛

第四章

现场是核算管理的主角

——单位时间核算制度

一、提高全体员工的核算意识——分部门核算

贯彻“销售最大化、费用最小化”的原则

在阿米巴经营中，应该怎样管理收支核算呢？在这里，我以京瓷实行的“单位时间核算制度”为中心来阐述。

在第一章中谈到，在创业之初，我对会计一无所知。当我第一次看到利润表和资产负债表上面罗列的数字时，它们意味着什么，我一点都不懂。为了理解其中的含义，我向财务负责人提出了各种各样的问题。因为问题过于初级，还让这位财务人员感到很意外。

因为我缺乏经营和会计的素养，就没有把经营想得太复杂，而是尽可能地将它简化。结果就发现了一条经

营的原理原则："只要把销售最大化、费用最小化，那么作为两者之差的结果，也就是利润就会最大化。"从那时起，我就按照这条原理原则经营企业，直到今天。

"销售最大化、费用最小化"这一原理原则就是单位时间核算制度的基础。为了做到销售最大、费用最小，在向客户提供必要的产品和服务时，首先，要减少各种损失浪费，降低支出，这是经营中最基本的一条。

一般人都认为，销售增加，费用也会相应增加。但事实未必如此。只要开动脑筋想办法，就可以不增加费用，甚至可能减少。**钻研创新，想尽一切办法，在增加销售的同时，不断地、彻底地削减费用，这就是经营的原则。**

全体员工要一起来实践这条原则，怎么做才能增加销售？费用又是从哪里产生的？是如何产生的？必须让现场的员工理解这些问题。为此，就需要有简单的、通俗易懂的核算管理的方法。

现场可以活用的管理会计手法

许多中小零细企业，因为公司内没有财务人员，就把利润表等财务报表的制作外包给他人。一周或者一个月一次，将销售凭证和费用支出凭证汇总起来，交给外部的税务师或注册会计师事务所。会计师事务所整理好公司的所有凭证，做出利润表。多则每月一次，少则半年一次制作结算报表，告知收支核算的情况。但是，如果这样的话，企业很难有切身的感受，很难觉得这些代表经营结果的数字“是自己努力做出来的”。

在大企业里，因为引进了计算机系统，由各现场输入数据，再将数据传输到财务部门，自动地进行统计，做出结算。但是，由财务部门汇总结算的结果却往往不向现场反馈。许多公司至多也只是把结果传到董事一级，“这个月就这样了！”现场的人员则一无所知。所以在有些公司里，一线人员根本不知道公司的现状。

即使想让现场的员工知道公司的经营状况，把利润表等财务资料原封不动拿到现场，现场员工也会望而生畏，觉得复杂难懂，无法与自己的工作直接挂钩。

因此我想，能不能像普通家庭使用的家庭记账本一样，简单地记录各部门的收支情况呢？构思的结果就是“单位时间核算表”。

在开始阶段，阿米巴长只是把实绩数字填入表中，不久，就添加了月初的预定数字。现在，各个阿米巴都以月度为单位，把自己阿米巴的活动计划用具体的预定数字在单位时间核算表中表示出来，再同实际活动中发生的销售和费用的实绩对照，用这种办法管理核算。

再进一步，在单位时间核算制度中，事业活动的成果开始用“附加价值”这一尺度来衡量了。详细内容将在后面阐述，这个“附加价值”就是从销售额中减去生产产品所用的材料费、机械设备的折旧费等，即减去除劳务费之外的所有费用所得到的数字。那么，自己究竟创出了多少附加价值？为了让大家很容易就明白这一点，我提出了单位时间附加价值这一概念。用总附加价值除以总劳动时间，算出每个小时的附加价值。我们把这一指标称为“单位时间附加值”。

各个阿米巴运用“单位时间附加值”等指标，设定年度和月度目标，并对实绩进行管理。以月度为单位，正确掌握作为自己活动结果的附加价值，可以很快发现问题，并为解决这些问题迅速采取行动。

标准成本方式与阿米巴经营的区别

许多制造企业里的制造部门，采用计算标准成本的方法作为管理会计的方式。作为管理工厂的会计手法，这个方法在产品的成本管理、库存评价、对制造部门的实绩评价等方面，起到了很大的作用。

与我们公司关系很密切的大型电器厂家中，有不少企业也采用标准成本计算方式。例如，大型电器厂家从我们这类供应商处购进电子零部件，装配成电视机。财务部门的专职成本核算员就会计算产品所花费的成本。

那么，他们是怎么对成本进行管理的呢？首先，他们会计算出上一年的成本。“去年的成本是这么多，今年要削减成本，目标是比去年减一成！”于是发出指令。制造部门接到指令后，就设定比去年低一成的成本目标，并努力在这个范围内把产品做出来。那么，作为制造部门来说，只要在目标成本的范围内做出了产品，就算履行了自己的职责，所以，他们根本就没有要由自己来创出利润这种意识。

接着，当产品完成以后，销售部门就以标准成本从制造部门将产品接受下来，在产品成本之上，加上利润后，决定卖价。销售产品全靠销售人员的才干和责任心。但是，其中就会有不考虑公司整体利益，轻易决定价格的人，他们会说：“市场竞争太激烈了，所以只能在成本上加一点点利润，否则就没法卖！”如果这样的话，再加上销售费用，马上就会陷入亏损。而且实际决定价格的，并不是负责销售的董事高管，很多场合下，都是普通的销售员根据在秋叶源等电器市场调查的结果来定价的。就是说，刚做销售工作没几天的销售员在决定公司的经营。

听闻大型电器厂家的经营现状，我发现“这些代表日本的大型制造企业，拥有那么多优秀的员工，但实际上决定价格、左右公司经营的，居然是那么一小部分销售人员”。这不禁让我愕然。

现在，以标准成本方式为基础，由一小部分销售人员左右企业的经营，由他们决定价格进行利润管理，这样的企业仍然为数不少。然而，拥有几千名、几万名优秀员工，却把最重要的产品定价权委托给一小部分销售人员，这样的经营体制，不能不认为是浪费了大部分员工的能力。这种看似高度系统化的体制，却并没有充分发挥出员工们的潜力。这种情况相当普遍。

而阿米巴经营以产品的市场价格为基础，通过公司内部买卖，将市场价格直接传递到各个阿米巴，各个阿米巴依据这种买卖价格展开生产活动。同时，制造部门阿米巴都是独立的利润中心，要在确定的产品价格之下挤出利润，阿米巴带着责任，拼命降低成本。换言之，制造部门阿米巴的使命，并不是按照指定的标准成本制造产品，而是根据市场价格，通过自己的钻研创新来降低成本，尽可能创造出更多的利润。

因此，在制造部门员工占员工人数大部分的企业中，只知道自己生产的产品的成本的一般企业，与采用阿米巴经营的企业相比，其员工的核算意识有天壤之别。

在实行阿米巴经营的制造部门，不是像标准成本方式那样，只追求成本，而是把眼光放在通过自己钻研创新，来创造出产品的附加价值这一点上。其实，这才是制造厂家本来的使命。从这一点来看，阿米巴经营已经从根本上颠覆了原来的管理会计思想，它是一种崭新的经营体系。

从核算表看出阿米巴的实相

在我当社长的年代，出差时我必定随身带着单位时间核算表，一有空闲就拿出来看。这时候，相关部门负责人及其部下的面孔，大家在工厂一角努力工作的样子，等等，都会清晰地呈现在眼前，让我对他们的工作了如指掌。

因为我经常深入现场，所以对正在生产的产品品种、使用的材料、制造工序、设备、生产技术，负责阿米巴工作的领导人，以及现场的氛围都非常熟悉，所以只要看到单位时间核算表上的数字，阿米巴的活动状况、部门的实态以及面临的问题，就会像影片一样，接连不断地在我头脑中浮现。

其中既有以出色的业绩向我报喜的部门，也有高声叫苦、要求我救助的部门。“为什么这个阿米巴要花这么高的电费”，“为什么差旅费要花那么多”，不用听取任何报告，单位时间核算表会告诉我一切。

为了看清阿米巴的真实状态，关键是如何划分单位时间核算表中的费用项目。在一般企业的结算表中，经常会出现杂费一项的金额高于其他费用科目的现象。本来，由多种费用合计，与其他科目相比，金额小的才叫杂费，但如果是不可忽视的较大的金额，就不应该把它们绑在一起统称杂费。后面还将讲到，单位时间核算表中的科目要比一般结算表的会计科目更详细，所以能够更准确地把握经营的实态。

公司经营中重要的是在平时就要熟悉现场的情况，

与此同时，利用详细的核算表对各部门的经营状况作客观的分析，以此来指导经营。单位时间核算表是现场员工们汗水和努力的结晶，是正确反映阿米巴状况的“镜子”。

凝聚所有阿米巴、所有员工的力量

在阿米巴经营中，不管组织的大小，要求各个阿米巴都要提高“附加价值”。但是，正如前面所述，我认为，如果过分强调对企业效益的贡献，像其他公司一样，用与业绩直接挂钩的、大幅度金钱刺激的办法来调动员工的积极性，那是非常危险的。

京瓷原本就是一家以全体员工心心相印为基础开展经营的企业。而且企业里形成了一种共识，就是个人的能力、才干是上苍赋予的，目的是用来为人类、为社会服务。所以，业绩优秀的阿米巴不会骄傲自大，不会在企业里趾高气扬，也不会得到高额的奖金。作为补偿，取得出色业绩的阿米巴，会得到伙伴们的赞赏和感谢这类精神上的荣誉。

还有，对阿米巴进行评价时，重点并不放在接到的订单、生产总值、单位时间等绝对的数字上，而是要看各个阿米巴是如何通过钻研创新来提高这些数字的。因为对于公司来说，理想的状态并不是要求各阿米巴在公司内部展开竞争，而是希望各阿米巴在谋求与相关部门协调一致的同时，自发地提升自己的实力。换句话说，各阿米巴的行动，并不是出于“只要自己好就行”的利己的动机。为了公司整体的发展，必须凝聚所有阿米巴和全体员工的力量。

二、“单位时间核算表”催生创意

阿米巴中的核算管理

在这里，首先以京瓷实际运用的“单位时间核算表”为例，对各个阿米巴是如何进行核算管理的这一问题，做一个简要的说明。

图表 3 是零部件的制造部门单位时间核算表。

制造部门单位时间核算表

单位：日元、小时

项　　目		
总出货	A	650 000 000
公司对外出货	B	400 000 000

续表

公司内部销售		C	250 000 000
	商品（销）	C1	0
	商品（购）	D1	0
	陶瓷器·零部件（销）	C2	60 000 000
	陶瓷器·零部件（购）	D2	30 000 000
	原料·成型（销）	C3	95 000 000
	原料·成型（购）	D3	90 000 000
	烧结（销）	C4	32 000 000
	烧结（购）	D4	30 000 000
	电镀（销）	C5	0
	电镀（购）	D5	0
	加工（销）	C6	60 000 000
	加工（购）	D6	60 000 000
	其他（销）	C7	2 000 000
	其他（购）	D7	10 000 000
	设备消耗工具费（销）	C8	1 000 000
	设备消耗工具费（购）	D8	0
公司内部采购		D	220 000 000
生产总值		E	430 000 000
扣除额		F	240 000 000
	原材料费	F1	20 000 000
	五金费	F2	3 000 000
	商品采购费	F3	3 000 000

续表

	辅助资材费	F4	2 000 000
	废料处理收益	F5	-200 000
	内部消工费	F6	1 000 000
	模具费	F7	6 000 000
	一般外包费	F8	30 000 000
	合作企业费	F9	30 000 000
	消耗品费	F10	7 000 000
	消耗工具费	F11	20 000 000
	维修费	F12	9 000 000
	水电费	F13	10 000 000
	燃气费	F14	6 000 000
	包装用品费	F15	2 000 000
	包装运输费	F16	2 000 000
	杂给	F17	5 000 000
	其他相关劳务费	F18	1 000 000
	技术费	F19	0
	维修服务费	F20	10 000
	差旅费	F21	2 000 000
	办公用品费	F22	300 000
	通信费	F23	200 000
	捐税杂费	F24	2 000 000
	试验研究费	F25	10 000
	委托报酬	F26	0

续表

	设计委托费	F27	10 000
	保险费	F28	300 000
	租赁费	F29	900 000
	杂费	F30	2 860 000
	杂项收入・杂项损失	F31	−200 000
	固定资产处理损失·收入	F32	−1 000 000
	固定资产利息	F33	5 000 000
	库存利息	F34	10 000
	折旧费	F35	20 000 000
	内部各项费用	F36	5 000 000
	部内公共费	F37	−400 000
	工厂费用	F38	6 000 000
	内部技术费	F39	200 000
	销售・总公司费用	F40	40 000 000
结算销售额		G	190 000 000
总时间		H	35 000
	正常工作时间	H1	30 000
	加班时间	H2	4 000
	部内公共时间	H3	40
	间接公共时间	H4	960
当月单位时间附加值		I	5 428.5
单位时间产值		J	12 285

图表 3

阿米巴通过上述方法计算出“单位时间附加值”，正确认识自身的单位。

在表中，对公司外部出货的金额“公司对外出货（B）是 4 亿日元”，对公司内部其他阿米巴出货的金额“公司内部销售（C）”是 2.5 亿日元，二者合计，算出“总出货（A）”是 6.5 亿日元。这个总出货减去从公司内其他阿米巴购入的材料金额“公司内部采购（D）”2.2 亿日元，得出 4.3 亿日元，就是表示制造阿米巴收入的“生产总值（E）”。

“结算销售额（G）”是阿米巴的赚头，它是从“生产总值（E）”4.3 亿日元减去除阿米巴劳务费之外的所有费用的合计数“扣除额（F）”2.4 亿日元而得出的。所以，这二者之差的 1.9 亿日元就是该阿米巴的结算销售额，也就是附加价值。再用该附加价值除以“总时间（H）”35 000 小时，就是“当月单位时间附加值（I）”5 428.5 日元。

图表 4 是订单生产的销售部门单位时间核算表。

销售部门单位时间核算表

单位：日元、小时

项　　目			
接单		A	360 000 000
销售总额		B	350 000 000
订单生产	销售额	B1	350 000 000
	获取佣金	–	28 000 000
	收益小计	C1	28 000 000
库存销售	销售额	B2	0
	销售成本	–	0
	收益小计	C2	0
总收益		C	28 000 000
费用合计		D	12 000 000
	电话通信费	D1	260 000
	差旅费	D2	980 000
	包装运输费	D3	3 500 000
	保险费	D4	130 000
	通关费	D5	360 000
	销售手续费	D6	360 000
	促销费	D7	0
	销售回扣	D8	28 000
	广告宣传费	D9	130 000
	招待交际费	D10	84 000
	委托报酬	D11	12 000
	外包・服务费	D12	20 000

续表

	办公用品费	D13	40 000
	捐税杂费	D14	75 000
	租赁费	D15	560 000
	折旧费	D16	130 000
	固定资产利息	D17	120 000
	库存利息	D18	19 000
	应收账款利息	D19	3 000 000
	进货费	D20	0
	内部各项费用	D21	390 000
	杂给	D22	56 000
	其他人工费	D23	390 000
	损耗工具费	D24	210 000
	维修费	D25	95 000
	燃气费	D26	15 000
	水电费	D27	37 000
	杂费	D28	110 000
	杂项收入	D29	–250 000
	杂项损失	D30	0
	固定资产处理损失・收入	D31	0
	总公司经费	D32	530 000
	部内公共费	D33	49 000
	间接公共费	D34	560 000
结算收益		E	16 000 000

续表

总时间		F	2 000
	正常工作时间	F1	1 800
	加班时间	F2	100
	部内公共时间	F3	30
	间接公共时间	F4	70
当月单位时间附加值		G	8 000
单位时间销售额		H	175 000

图表 4

当月的“接单（A）”是 3.6 亿日元，“销售总额（B）”是 3.5 亿日元。作为营销部门收入的“总收益（C）”是订单生产的销售佣金和库存销售的毛利两者的合计。由于此例是订单生产，所以没有库存销售。

后面会详细说明，订单生产中销售阿米巴的收入是销售佣金，它由销售额乘以佣金率得出。在这个例子中佣金率是 8%，获取佣金即销售佣金就是 2 800 万日元，与“总收益（C）”同额。

从这个“总收益（C）”中减去除劳务费之外的经费，如广告宣传费、销售手续费、差旅费等销售活动所需要的费用的合计“费用合计（D）”1 200 万日元，就得出“结算收益（E）”1 600 万日元。再将它除以“总时间

（F）” 2 000 小时，就可算出“当月单位时间附加值（G）” 8 000 日元。

通过这种方法算出“单位时间附加值”，各个阿米巴就可以清楚地认识到自己每小时做出的附加价值，并把这种认识反映到经营活动中去。

那么，这种单位时间核算制度究竟具备哪些特点呢？我想对它的主要特点做出说明。

销售部门、制造部门都是利润中心

在阿米巴经营中，销售部门和制造部门分别独立核算，都是利润中心，所以这个体制会促使全体员工都为提升附加价值、提高核算效益做出努力。

刚才已经谈到，制造部门的核算是把生产总值计为收入，然后减去除劳务费之外的所有扣除额，算出结算销售额。销售部门则把作为收入的总收益减去除劳务费之外的所有费用，算出结算收益。这样算出来的结算销售额（销售部门是结算收益）除以总时间，就算出了“单位时间附加值”。这样，销售部门和制造部门都是“利润中心”，它们就可以掌握自己部门的附加价值，并为提高这一数值而付出努力。

从收入中减去除劳务费之外的扣除额或费用，算出附加价值。之所以不把劳务费算在扣除额或费用之内，是因为劳务费是各阿米巴自己无法控制的。劳务费的金额是根据公司的招聘方针，人事、总务的相关方针事先决定的，所以阿米巴长要控制劳务费很困难。

因此，**管理的着眼点不是放在阿米巴长无法控制的劳务费上，而是放在提升生产效率的时间上。**用附加价值即结算销售额除以总劳动时间就可以算出每小时产生的附加价值，即“单位时间附加值”。

通过员工们的努力获得的“单位时间附加值”达到多少才算理想呢？每个公司设定一定的基准就可以了。例如用计时工或临时工为主的公司，如果“单位时间附加值”是3 000日元，那么支付每小时1 000日元的工资之后，公司还可以留下2 000日元的利润。

假设员工的劳务费是每小时3 000日元的公司，那么，只要设定一个较高的“单位时间附加值”，比如6 000日元以上就行了。从这个意义上讲，“单位时间附加值”就是各阿米巴要达到一定水准以上的数字而设定的指标。

用金额表示目标和成果

单位时间核算表的另一个特点是一切活动的目标和成果都不是用数量，而是用金额表示。公司内部所有的票据，除了写上物品数量之外，还要记入金额。所以，就是在公司内部，也不是只说“买了几个”“做了几个”，而只要用金额来交易，是“什么价格购买的”“生产值是多少”，等等。

金钱是每个人每天都在使用的，是能够在日常生活中切实感觉得到的东西。因此，为了让在现场工作的员工也能理解自己的工作正在发生金钱的流动，公司规定在所有的票据上都要注明金额。

在京瓷刚创业的时期，很少有公司实行月度结算。因为都是每半年或一年才结算一次，所以不清楚每个月的核算情况乃是理所当然。当时像京瓷这种规模的企业，做月度结算本身就是新鲜事，而且在月末截止后一周之内就要做出月度利润表，让人惊奇。

另外，结算和会计处理不是委托外部的会计师事务所，而是由公司内部的经营管理部门来做核算表，现场人员掌握每天的业绩数字，不断进行改善。

我自己也经常使用这张核算表，对收支核算进行严格检查。例如，在工厂现场巡视时，见到有原料和零件掉在地上，就会警告说："你知道这材料值多少钱吗？因为是公司的东西你觉得无所谓吧？如果是你自己用钱买的，掉落一个你也会心疼吧！不用这种负责的态度，能做好工作吗？"真心想把工作做好，就不能抱着被委托、被雇用、被使唤的态度。看见原料落在地上，员工要感到心痛难受。我到现场巡回时，经常会这样告诫员工们。

在阿米巴经营中，无论多么细小的浪费也不能放过，要把它看作自己的东西。单位时间核算表中记载的金额精确到一日元，以此来支撑细致的收支核算管理。

即时掌握各部门收支情况

经营企业不是看了月末做的单位时间核算表来开展的。月度核算表上的数字是每天发生的细小数字的积累。每天都要在收支上做努力，不可懈怠。因此，单位时间核算表上重要的经营信息：订单、生产、销售、费用、时间等，不是等到月末才将一个月的数字统计出来，而是每天都要统计，由经营管理部门统计后，将结果迅速反馈给现场。

后面我还将详述，各阿米巴在月初就要制定单位时间核算表中所有管理项目的预定数字。只有正确地填入每天的实绩数字，才能掌握预定数字的进度情况。因此，对照预定，如果订单、销售、生产的实绩落后了，就可以设法采取对策来达成预定。另外，对于费用预定，如果实际使用超支了，就要严格控制支出，迅速做出应对。

每个阿米巴小单元以每一天为单位管理收支核算，有利于快速做出经营判断。像这样每天的核算管理可以保证预定的达成，可以帮助迅速做出经营判断。

强化时间意识，提高工作效率

在阿米巴经营中，因为每个阿米巴都在为提高“单位时间附加值”而努力，所以时刻都会意识到总时间，并不断通过钻研创新来提高生产效率。

例如，某部门每小时的劳务费平均要花3 600日元，那么“每分钟60日元”，再细一点，就是要发生“1秒1日元”的劳务费用。因此，“我们既然在这里工作，至少必须做出超过劳务费用的附加价值”。让现场的每位成员都切实理解这样的事实，他们就会提升时间意识，时时刻刻都抱着紧张感投入工作。

当然，虽说要减少总时间，但这并不意味着要削减就业规则所确定的正常工作时间。员工即使不加班，规定时间（8 小时）还得受到约束。订单减少，即使一天只有 5 小时的工作量，剩下的 3 小时仍然要记入。所以如何更有效地使用时间，是部门经营的一个重要因素。

假如某个阿米巴的工作量不足，而旁边的阿米巴人手不足，就可以派多余的人员去支援。调拨这部分时间，提供支援的部门总时间减少，接受支援的部门总时间增加，在整体上就有效地利用了时间。

京瓷把这种调拨时间精确到 0.5 小时，严格计算。通过正确把握各个部门花费的时间，尽可能缩短总时间，提高单位时间附加值。

现代企业经营最重视速度，如何提高时间效率成了竞争取胜的关键。

阿米巴经营中的单位时间核算制度，在现场指标中加进了“时间”这个概念，使每一位员工都自觉意识到时间的重要性，努力提高工作效率。这样做，不仅提升了本部门的核算效益，而且提高了整个公司的工作效率，强化了市场竞争力。

用单位时间核算表来统一管理

各阿米巴及其成员可以把单位时间核算表作为掌控自己的年度计划、把握预定和实绩的管理资料来使用。不仅如此，各阿米巴数字的累积，就自然成为科、部、事业部等上层组织的数字，最终成为整个公司的数字。所以，汇总各阿米巴的单位时间核算，就可以把握整个公司的业绩。

而且，不限于实绩数字，年度计划、月度预定等，也都可以通过汇总各阿米巴的核算表，最终算出整个公司的计划数字。

为了让整个公司共同拥有“单位时间附加值”这一统一指标，并以相同的基准和规则运行，全公司就必须统一单位时间核算表的格式。因为销售部门和制造部门计算收入的方法不同，所以使用不同的表格，但各部门内部都使用相同的格式。

这么做，公司内部不管多小的阿米巴，哪儿有问题都一目了然，经营高层就能正确地把握经营之舵。而且，通过晨会等场合报告各阿米巴及全公司的业绩，全体员工就能正确了解各个部门和全公司的经营状况。这样就可以提高员工参与经营的意识，使整个公司的经营如玻璃般透明。

三、实践京瓷会计原则

在阿米巴经营中，准确掌握各阿米巴发生的销售、生产、费用、时间等实绩数字，非常重要。为此，必须建立公司内部的相关规则，并贯彻执行，以便日常的会计处理能做到正确而且迅速。“京瓷会计学”就是制定这类规则的基础。

京瓷会计学的根本就是在会计问题上也要追究本质，要回归到经营的原理原则上对会计问题做出判断。换言之，不能为会计常识所局限，而是要追溯到事物的本质，以“作为人，何谓正确”为基准进行判断。

详细内容可以参考拙作《稻盛和夫的实学》。在这里，我仅围绕阿米巴经营实际运行中特别重要的思维方式，作简洁的阐述。

一一对应的原则

伴随着事业活动，企业内的物品和金钱时刻处在流动状态，在单位时间核算制度中，必须正确把握这种物品和金钱的流动。为此，只要物品和金钱流动，表示这种流动结果的票据，就要一一对应地附上，必须做确实的处理。这看起来是理所当然的事情，但要彻底贯彻却绝非易事。

例如，在一般企业的日常销售活动中，商品已经先行交付到客户手里，而票据以后再开，这种情况经常发生。“票据稍后再开！”经办人说得很轻松。但工作一忙，无意中就忘记了，结果招致货款无法回收，有这样的事例。像这样物品、金钱与票据分开处理，分开流动，那么就无法把握什么商品现在在何处这种实态，就会给事业活动带来障碍。

另外，如果允许做这样的处理，继续发展下去，就会变成容忍“票据作假”“账外交易”等性质恶劣的违法行为。如果习以为常，所有的管理都会流于形式，整个组织的道德也将崩坏。

所谓“一一对应原则”，就是为了预防这种现象的发生，对物品和金钱的流动用一一对应的办法来把握，也就意味着玻璃般透明的管理。物品流动必须开票，对物品进行确认的票据与物品同时流动。无论在谁看来，物品和票据都是一对一地对应着。单单票据随便流动，或单单物品随便流动，这种现象根本不允许发生。

还有，在单位时间核算表中，必须正确地反映一个月的经营实绩。为此，如果某一产品已经生产，它的销售额已经计入当月，那么，与之相对应的材料费和费用也应该计在当月。因为如果收益和费用没有一对一地正确对应，那么月度利润就会出现大幅波动，经营的实态就会变得模糊不清。

因此，严格遵守“一一对应原则”，不但是获取正确的经营数字的必要条件，还可以防止差错，防不法行为于未然。

多重确认的原则

在所有业务活动中贯彻“多重确认的原则”，不仅可以提高业务本身的可靠性，而且可以保持公司组织的健康健全，因此是一条必须时刻严格遵守的原则。

这项原则来自于我的哲学根基，即“以心为本的经营”的经营哲学。人有时难免会鬼迷心窍，犯“走火入魔”的错误。例如，眼看这个月的实绩怎么也上不去，于是不由自主地篡改数字。人心有这样的弱点，为了保护员工，让他们免犯这样的错误，就需要至少两个人对数字进行确认，建立防止不法行为、防止工作差错的管理体制。

在采用分部门独立核算的阿米巴经营中，因为各部门有改善自己部门核算的强烈意识，所以要有效贯彻这一“多重确认的原则”，保证组织体制、制定相关制度，就显得非常重要。从材料物资的接收、产品的进出货到货款的回收，在所有业务流程中的每个环节，都要**有多个人员或部门进行多次确认，以此来推进工作。**

一般的生产厂家在制造部门内部设定采购职能，这种情况很常见。因为将采购归入制造部门，可以详细指定要购买资材的规格和质量。但是，由制造部门来选择供应商并进行价格谈判，就可能发生与供应商勾结之类的问题。

为此，京瓷设置了专门的资材部门，让它从制造部门独立出来。这样做，制造部门和资材部门可以互相监督："为什么只同那一家特定的供应商交易？这边的交易方不是更便宜吗？"以此来防止与交易对象的勾结。就是说，在物品购入的环节上，由至少两个部门互相确认，让有组织的多次确认发挥作用。

其他方面，包括现金的出入、公司印章的使用、保险箱的管理、应收款应付款的管理、支付凭证的开具等，都必须有多个人员或部门进行多次确认。在公司内建立这样的系统，经营者就可以掌握正确的经营数据。

完美主义的原则

现在，对产品质量的要求已经非常严格，不良品为零乃是理所当然。因此，在销售、制造、研发等所有环节中，各项工作都要求"完美"，如同字面所说的"完美无缺"。

这一点，也完全适用于完成经营目标。在京瓷，有关接单、销售、生产及单位时间附加值等经营指标，"虽然没有达到100%，但是已经完成了99%，所以请给予好评"。这样的态度，京瓷决不认同。对于设定的生产、销售等目标，京瓷要求不折不扣地"完美"实现。

负责经营管理等业务的管理部门也一样。单位时间核算表和财务的结算报表等，都是经营判断的基础资料，其中的数字稍有差错，就可能导致经营判断失误。所以对经营数字也要求做到完美无缺。

要彻底实现完美主义极其困难，但即使如此，只要具备追求完美的坚强意志，就能够避免差错达成目标。

筋肉坚实的原则

阿米巴经营要求排除任何不必要的费用开支。为此，公司必须筋肉坚实。所谓筋肉坚实，就是没有任何赘肉，浑身肌肉发达。也就是说，在企业里，不产生利润的库存和设备等资产一概没有。

在这个过程中，为了防止产生不良资产，必须对长期滞留的库存进行严格管理。不允许将卖不掉的商品长期计在资产中，不允许由此算出虚假的利润，而是要按照企业实态，尽早处理滞销商品，让资产保持健康状态。

还有，由设备投资产生的折旧费以及人工费等固定费用，往往会在不知不觉中膨胀起来，要注意防止这种情况。在投资设备的时侯，无论新设备的性能多么优良，也不可轻易购买。首先要考虑如何用好、用充分现有设备。在公司内要彻底贯彻这个思想。

引进最先进的设备可以提高生产效率，但是从费用和效益的对比来看，未必划算，未必真能够提高经营效率。如果重复过度地投资设备，反而会弱化经营体质。一旦发生了固定费用，往往很难削减。所以，对增加固定费用的设备投资和增加人员，务必谨慎再谨慎。

还有，在阿米巴经营中，对原材料等物品的采购，规定了“即用即买的原则”。这就是**“必要的东西，在必要的时候，买进必要的数量”。**只即时购买当时要用的量，这意味着要爱惜使用现有的东西，杜绝浪费。同时，因为没有多余的“库存”，也就不需要管理库存的费用、场地和时间，从结果来看是经济、合理的。

而且，因为市场变化剧烈，如果有库存，一旦商品规格变动，库存的资材变得不能使用，这是风险。但如果“即用即买”，就能够避免这种风险。

提升效益的原则

企业必须永续发展。为了追求员工物质、精神两方面的幸福，提升核算效益、增加现金量、强化财务体质是前提。提高核算效益，可以增加公司内部留存，增加自有资本比例，同时，还能对未来的新事业进行投资。另外，提升核算效益、提升业绩，还能拉升股价，实现高分红以回报股东。所以，提升核算效益是促使公司繁荣的必要条件。

为此而实践的经营的原理原则其实非常简单，只要彻底实行“销售最大化，费用最小化”这一条就行了。在阿米巴经营中，为了整个公司都能实践这条原则，我们采用了前面所述的“单位时间核算制度”。在单位时间核算制度中，要提高阿米巴创造的附加价值，也就是“结算销售额”，只要把销售做到最大，把费用缩到最小就可以了。另外，从结算销售额除以总时间得到的“单位时间附加值”这一项上，阿米巴的核算效益提升了多少，就能一目了然。

为了提升核算效益，阿米巴的领导人必须具备强烈的意志和使命感：为了企业的发展，为了大家的幸福，无论如何都要提升自己部门的收支效益。在此之上，重要的是，要与阿米巴全体成员共享这种愿望。领导人和现场的员工们在每天的工作中团结一致，为提升核算效益而努力，就能提高整个公司的核算效益。

现金本位的经营原则

所谓现金本位的经营原则，就是把焦点集中在“现金的流动”上，从而使经营单纯化。生产厂家制造产品，卖给客户，收取货款。在这过程中花费的各种各样的费用，要从货款中支付。而所谓利润，本来是指支付了所有这些费用之后剩下的钱款。然而，在近代会计制度中，因为依据所谓“发生主义”的思维方式进行会计处理，所以，接受或支付钱款的时点，同在会计上列入收益和费用的时点，会出现差异，即实际的资金流动与财务报表上损益的变动无法直接挂钩。这样，经营者就很难把握经营的实态。

因此，应该回归会计的原点，着眼于经营中最重要的“现金”，以现金为基础做出正确的经营判断。为此，在单位时间核算表中，资材的采购按照“即用即买的原则”，在购入的时点即将所有费用入账。当月的事业活动所产生的资金流动全部如实地反映到核算表上。这样，会计处理同实际现金的流动就比较接近。

公司内部会计处理和单位时间核算的规则就要依据这个“现金本位的经营原则”，尽可能消除财务会计上的利润和手头现金之间的数字差异。

玻璃般透明的经营原则

会计，本来就应该如实无误地向公司内外公布公司的真实情况。因此，要把经过财务处理后的经营数字透明化，要让干部和普通员工都能读懂，这是很重要的。掌握经营的实态，员工就能产生经营者意识。同时，因为干部的行动员工看得一清二楚，所以干部就必须严格自律，光明磊落。另外，上市企业的重要课题是要取得一般投资人的信任，所以必须正确披露公司的会计资料。

阿米巴经营的目标是全员参与经营。不仅经营者要掌握公司的现状，全体员工也要能看清公司的经营状况，为此，就要力求经营的透明化。京瓷在每月月初的晨会上，会公布各阿米巴和各部门的经营实绩，而且会通过发表经营方针和召开国际经营会议，说明京瓷集团整体的状况和应该前进的方向，以及相关课题。用这些做法来提高公司的道德水准，促进全员参与经营，把全体员工的力量凝聚起来。

四、实绩管理的要点

在单位时间核算制度的运作中，为了如实反映各阿米巴的经营状况，如何正确、迅速地获取实绩数字是一个要点。如果不能正确把握实绩，那么单位时间核算表就无法反映各阿米巴的实态，现场工作的员工们就不会意识到这是自己做出的实绩。

因此，需要获取实绩数字的统一机制和管理方法。在详细论述之前，首先就实绩管理的三个基本要点逐一加以说明。

（1）基于部门职能的活动结果，要在核算表里正确反映出来。

（2）公平公正、简单通俗。

（3）用“实绩”和“余额”来掌握业务流程。

基于部门职能的活动结果，要在核算表里正确反映出来

各部门依据各自的职能开展活动所取得的结果，也就是“收入”“费用”“时间”，将作为该部门的实绩列入进来，这是单位时间核算表的前提。核算表正确地反映了经营的实态，就能催生阿米巴长及其成员对数字的责任感，激发他们对工作的热情。

假定从与自己的活动没有直接关系的总公司摊派来一笔很大的费用，那么不仅无法把握该阿米巴的正确的经营状况，而且会使组织的成员们失去干劲。

例如，一个规模很小但正在拼命提升业绩的阿米巴，突然要负担从总公司划来一笔很大的费用，这个阿米巴就会抱怨：“尽管自己拼命削减费用，但总公司用钱大手大脚，还强迫我们承担那么大的费用！”一线的员工们就会失去工作的积极性。

因此，所有的实绩数字，是由阿米巴的什么活动产生的？发生了多少？该不该发生？都必须设定明确的规则和机制。

公平公正、简单通俗

单位时间核算制度的运用规则，如果不公平，只对某些部门有利，那么作为公司规则，员工就无法接受。规则如果不是对所有部门都公平公正，就不可能顺利贯彻。

比如，对于各阿米巴生产出来的产品，在什么时点，在什么状态下，才能作为“生产实绩”列入统计？必须设定这类基准和规则。

只有具备专业知识才能理解的复杂困难的东西，也难以作为公司规则在企业里扎根。所以，基于原理原则，制定含义明确、通俗易懂的规则就很重要。

如果是通俗易懂的规则，全体员工就容易理解，进而就能够参与经营。如果在现场彻底贯彻这些规则，就能提高经营的数字的精度。

用“实绩”和“余额”来掌握业务流程

在构建实绩管理的机制时，不是单纯地掌握已经发生的数字就够了，而是要顺着业务流程，不断用“实绩”和“余额”的形式进行管理。这一点也很重要。与订单、生产、销售等实绩相对应，必有余额发生，所以要时时以一对一的关系，对实绩和余额进行管理。

从客户处获得订单，首先应该统计为“订单实绩”。在根据订单完成产品、列入“生产实绩”之前的阶段，要作为“制造余额”进行管理。接着，销售部门将产品出货、列入“销售实绩”之前的阶段，要作为“销售订单余额”加以管理。

另外，从列入“生产实绩”的时点开始，到列入“销售实绩”期间，称为“库存”；从列入“销售实绩”到货款回收之间的阶段，称为“应收款余额”，都要分别予以管理。图表5表明了在订单生产方式下，这种实绩管理、余额管理的流程。

各阿米巴的单位时间核算表只反映实绩数字，但公司要把实绩和余额合成一体，作为公司的经营数字进行管理。各阿米巴也要经常注意余额，特别是销售订单余额，它是编制以后的销售计划和生产计划的前提，是重要的经营指标。

只要时时把握“实绩”和“余额”的关联，在所有的时间点上将它们一一对应，那么公司的经营数字就不会发生矛盾。

例如，在订单生产方式中，从接单到生产产品、出货、回收货款这一流程中，针对一笔订单，就要掌握“订单金额”“生产金额”“销售金额”“入账金额”这一系列的实绩数字。与此同时，还要掌握对应的“销售订单余额”“库存”“销售余额”等一系列余额数字。

像这样一对一地把握业务的流程，就可以准确无误地把握经营的实际状况，可以非常明确地知道现在企业所处的状态，这就为正确的经营判断打下了基础。

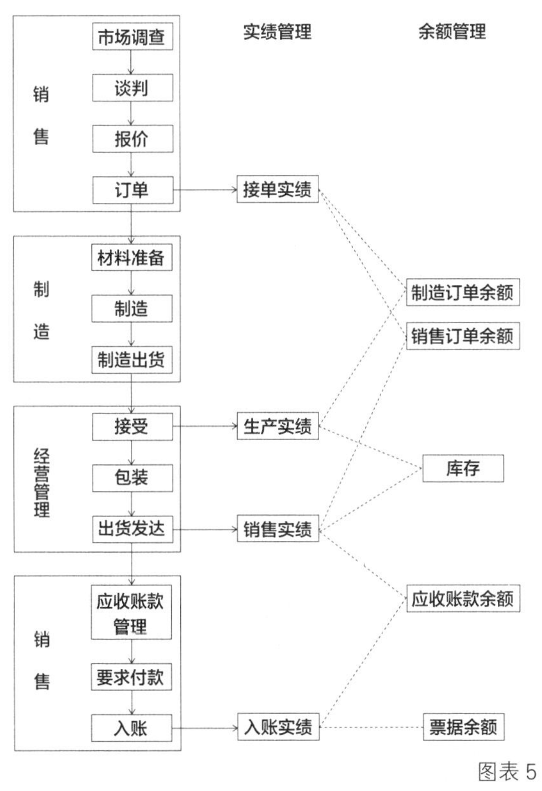

图表 5

五、收入的计算方法

计算阿米巴收入的三种形式

与市场价格联动的阿米巴的收入有三种计算方法，在前一节单位时间核算制度的实绩管理要点中已讲到了。下面以京瓷为例，说明在核算收支时所必需的收入、费用、时间三个要素的实绩是如何计算的。

如前所述，京瓷在创业期是按照客户指定的规格制造产品的，即以“订单生产”为中心开展事业。这种形态的好处是库存风险小。但反过来，根据不同客户的不同要求，产品的规格、交货日期、价格都不一样，是多品种生产。在变化剧烈的市场中，为了对多品种生产的产品进行切实有效的核算管理，我们构建了将反映市场价格动向的订单金额直接传达到制造部门的机制，称为“订单生产方式”。

后来，京瓷又开展了照相机、打印机等事业。这就不是过去那种订单生产，而是保有库存，向一般消费市场销售商品。这种形态是销售部门要对商品销售进行市场预测，同时对库存、对销售负责。为了及时向市场提供商品，制造部门不是从客户那里获取订单进行生产，而是接受销售部门发出的公司内部订单进行生产。

这样，与前面讲的“订单生产方式”相对应，我们将持有库存，销售最终成品的形态称为“库存销售方式”。按照不同的业务形态，我们构筑了正确计算阿米巴收入的机制。

另外，公司内部各阿米巴之间要进行交易，包括这种“公司内部买卖”的计算收入的机制在内，阿米巴经营有三种计算收入的机制。

下面分别对这三种机制做具体说明。

（1）订单生产方式

从创业一开始，我就认为是“客户决定价格”，也就是以市场价格为前提来经营企业。因此，我不是把各种成本相加然后决定产品的卖价，而是认为先有市场价格，在这一价格条件之下，为了获取足够的利润而彻底降低成本。也就是说，不采取“成本＋利润＝售价”这种思维方式，而是认为“售价－成本＝利润”，为此，在经营过程中彻底追求销售最大化，费用最小化。

在自由竞争的市场经济中，产品的售价由市场决定，企业以这种市场价格为基准，竭尽智慧和努力，压缩成本，做出利润。然而，虽说以市场价格为基础，但市场本身在不断变化，市场价格也随之起伏波动。根本无法保证这个月客户照样以一个月前的售价买进产品。

为了应对市场价格的急剧变化，销售部门乃至整个公司都要准确把握市场动向，迅即对应，企业需要这样的体制。为此，让市场信息直接反映到企业内各部门的核算管理的机制，是不可或缺的。

一般在进行制造业的利润管理的时候，大多数企业都把销售部门当作利润中心，把制造部门当作成本中心，利润由销售部门管理。因此，作为成本中心的制造部门，往往把意识和精力集中于目标成本。换句话说，销售部门卖什么价格，对制造部门没有直接的影响，企业只是按计划要求制造部门削减成本。这样的话，企业就无法及时应对市场的变化。

我的观点是：实际从事产品生产的制造部门才是利润的源泉，制造部门应该直接获取市场信息，并迅速将这种信息反映到生产活动中去。因此，为了让市场价格的变动对公司内制造部门的阿米巴的收入直接产生联动，我把对客户的销售金额直接作为相当于制造部门收入的生产金额。而销售部门作为制造部门与客户之间的中介，从制造部门按照销售额收取一定比例的佣金（手续费），以此作为销售部门的收入。

在制造部门，从卖给客户的销售金额，即“生产金额”中，扣除制造活动的费用（销售佣金和制造成本），所得金额称为“结算销售额”；而销售部门从一个月中获得的销售佣金减去销售活动所需要的费用，所得的金额称为“结算收益”。

卖给客户的销售金额＝制造部门的生产金额，采用这种方法，制造部门就能随时掌握市场价格。当然，这样做的意义并不仅仅是“制造部门也可以计算自己部门的收入和利润”。

在一般的企业里，制造部门只是在目标成本的范围内生产产品，他们认为“利润是销售部门创造的”，但京瓷却不同。在京瓷，销售部门只是从制造部门获取一定比例的佣金，从中减去销售活动所需的费用，然后得到若干的利润。这么做，就让大家彻底地认识到“利润的源泉在于制造部门”。就是说，依据市场动向，制造部门可以通过扩大总生产，彻底压缩费用来创造出更多的利润。

订单生产方式的收入

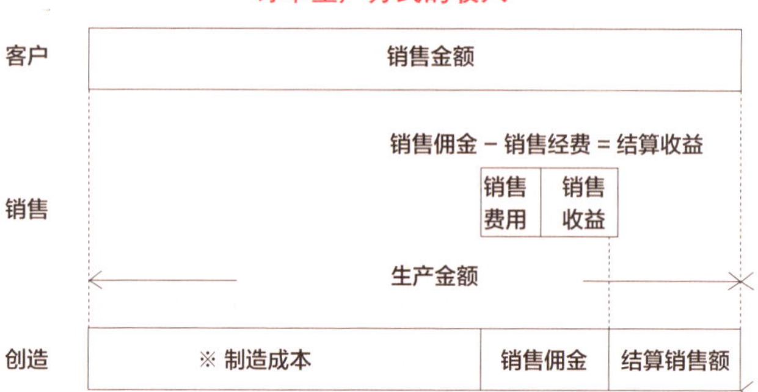

图表 6

销售部门的收入是佣金

那么，为什么要采取销售部门的收入从制造部门获得佣金这一方式呢？我说明一下这种做法的背景。

在公司内部实行分部门核算制度时，需要考虑销售部门和制造部门之间如何决定买卖价格。在这种情况下，销售劲头十足的销售部门为了提高自己部门的利润，会尽量压低从制造部门的进价；相反，制造部门却要尽可能抬高给销售部门的产品卖价。其结果就会造成两者在定价问题上严重对立，因而忽视企业整体的利益。阿米巴独立核算贯彻得越是彻底，销售部门与制造部门之间的关系就会越发紧张。

因此，在订单生产的形态下，我从一开始就设定了规则，就是销售部门从制造部门获取生产金额 10% 的佣金。用这一方法消除了销售部门和制造部门在定价问题上的争执。当然，我曾经担心，只拿 10% 的手续费可能影响销售部门的士气，但是只要增加销售金额，手续费的绝对值也随之增加，因此照样能鼓起销售部门的干劲。采用这种方法，销售部门果然为了提升利润而不遗余力。

设定销售佣金率的依据是业务形态和产品的种类，但一旦设定以后，原则上不做更改。假如佣金率因订单不同而轻易改变的话，不仅处理起来很困难，而且会因为标准不统一，引发不公平感。如果公司内部产生了不公平感，那么有关部门就会把自己业绩不佳的原因归咎于佣金率不适当。设定了的佣金率，归根到底是公司内部的规则，大家应该在这个规则的范围内，追求各自的利润。

传递市场变动的数字的流向

下面我就用实际的数字来说明订单生产方式的流程。

例如，成本为60日元的产品以单价100日元销售1万个。那么销售金额是100万日元。制造部门的生产金额就是100万日元。销售部门的销售佣金10%，就是10万日元，这是销售部门的收入。而制造部门要从生产金额100万日元中减去60万日元的生产成本，还要减去付给销售部门的10万日元的佣金，即“100万－（60万＋10万）＝30万”，这剩下的30万日元就是制造部门的结算销售额。

但因为市场竞争激烈，假定这个产品的卖价跌至1个90日元。那么制造部门的生产金额立即跌到90万日元，销售佣金变为9万日元。如果60日元的生产成本不变，那么制造部门的结算销售额就是21万日元，一下子就减少了9万日元的收益。就是说，在售价变化的瞬间，制造部门立刻就会明白这种变化对自己的收支会造成多大的影响。制造部门马上就会采取对策，降低成本，力争保持原有的利润。

另一方面，在采用标准成本计算的大多数企业里，销售部门把制造成本作为买断价格，从制造部门购进产品。在这种情况下，只有销售部门能够掌握收支情况，能够对市场价格的下跌敏感地做出反应。而制造部门因为在核算方面没有受到直接的影响，所以只要与销售之间的买断价格不变，它就不会对市场的变动做出反应。只靠销售部门削减销售费用，根本不可能应对售价下跌带来的损失。制造部门反应迟缓必然招致公司收支核算的恶化。

在经营上追求速度的今天，应对市场变化敏感程度的差异，直接体现了企业竞争力的差异。因此，让制造部门具备市场意识，提高制造部门的核算意识，就会不断强化制造部门的体质。

因为售价的变化会给制造部门的核算带来重大影响，所以制造部门不仅会努力削减自己的成本，而且究竟应该如何同客户交涉价格，今后订单情况会如何变化，制造部门会与销售部门一起思考和行动。这样就能实现产销一体化。

（2）库存销售方式

以往的订单生产方式是在接到订单以后生产，然后直接向客户交货。因此几乎不需要开设销售门店，也不需要批发等流通网络。但是，由于京瓷推进多元化经营，业务拓展到许多领域，比如照相机、打印机、再结晶宝石等，这些产品就需要利用流通网络来开展事业，扩大市场，促进销售。为此就需要保有库存，这就是“库存销售方式”。

阿米巴经营的库存销售方式是由销售部门和制造部门，通过协商决定商品的希望零售价格，并通过设定在各流通环节上的价格模式，决定京瓷的销售价格，决定销售部门与制造部门之间的公司内部买卖价格。在库存销售方式中，实际的销售金额减去制造部门的出货价，就是毛利，是销售部门的收入。

库存销售方式的收入

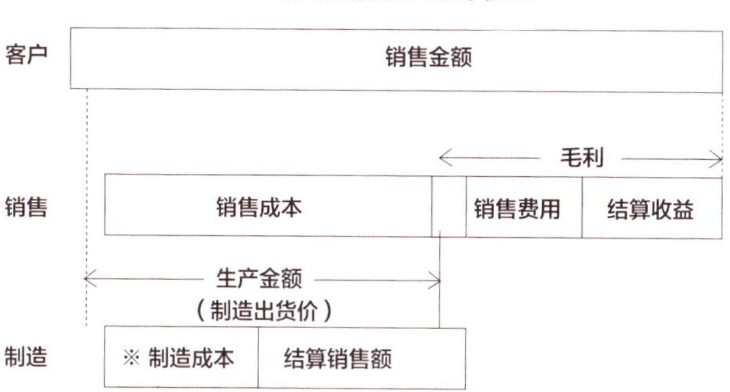

（※ 制造成本：除阿米巴业务所需劳务费之外的所有费用）

图表 7

不采用成本加利润的定价方式

一般的生产厂商，其销售部门与制造部门之间采用成本价买断的形式。制造部门以过去的制造成本为基础预先设定一个标准成本，以此为中心开展生产活动。因此制造部门的头脑里只有管理成本的意识，而没有核算收支的意识。同时，因为市场的变动不直接传递到制造部门，所以针对市场价格的意外变动，要灵活应对，改变原有的目标成本就非常困难。

与此不同，阿米巴经营的库存销售方式，不是把制造所花的各种成本累加后决定一个成本买断价格，而是依据市场价格，把销售部门和制造部门协商决定的公司内部买卖价格作为制造部门的出货价。为此，销售部门要依据市场动向及销售预测向制造部门订货，销售部门与制造部门之间是发放订单和接受订单的关系。这时销售部门要在对市场变化做出客观判断的基础上向制造部门发出生产指示，制造部门则根据这个指示组织生产。

另外，因为制造部门把根据制造出货价计算出来的公司内部销售额作为收入，制造部门就理所当然能够进行收支的核算管理。其结果，制造部门作为利润中心，就可以凝聚全体成员的力量，提升自己部门的效益。

在阿米巴经营的库存销售方式中，如果市场价格下跌，制造部门给销售部门的出货价格当然也要下调。这时候，制造部门的阿米巴为了防止核算效益恶化，就会积极主动削减成本，想方设法增收节支。

与订单生产方式一样，采用库存销售方式时，市场价格的下跌也会直接传递到公司内部，反映在各个阿米巴的收支核算上，所以各阿米巴能够直接感受到市场的变化，迅速采取措施，为维持并提升各自的效益而奋斗。

库存管理责任在销售

库存销售的关键是如何把库存控制在最小的限度之内，以确保公司资产的健全。一般而言，只要生产商品，制造部门就能增加自己的生产实绩，所以，如果只考虑短期的核算收益，就会产生一种危险，即制造部门忽视市场的变动，一味埋头增加生产，等到发觉时，卖不动的库存商品已经堆积如山。

为了防止发生这种情况，在阿米巴经营中，由销售部门发出订单，制造部门按订单生产，完成后交付给销售部门的产品由销售部门负责库存。为了尽到这份责任，销售部门必须把库存控制在最小的限度之内。

为此，销售部门要准确地分析市场动向，尽可能做出正确的销售预测和价格预测，以合理的价格和合适的数量向制造部门发出订单。一旦销售预测和价格预测发生差错，库存产品成为废物或者必须削价处理，那么由此产生的损失及处理责任由销售部门承担。

还有，在单位时间核算制度中，针对库存金额设定了公司内部利息，这个利息高于一般的银行利息，作为销售部门的费用予以征收。这种管理办法是为了进一步明确销售部门对于库存的责任和负担。销售部门负责管理库存，就可以把库存控制在最小限度之内，并同时达到扩大销售的目的。

销售费用最小化

订单生产方式中的销售，因为是向客户直销，所以销售成本较低，销售佣金率也设定在低位。用销售佣金消化掉销售费用，还可剩下若干利润。但是，库存销售方式需要通过销售门店等流通渠道出售商品，所以库存风险很高；还需要宣传广告费用，需要向零销商和批发商支付促销费用等，所以与订单生产方式中的销售相比，不得不支付高额的销售费用。

在一般的公司里，毛利高的部门即使多花一点钱，与其他部门相比，仍有足够的利润，所以在接待、交际等方面大手大脚，浪费严重，结果降低了整个公司的效益。这种情形时有耳闻。

在阿米巴经营中，无论是库存销售方式还是订单生产方式，将销售费用控制在最小限度之内，这是经营的原理原则。特别是在库存销售方式中，相比订单生产方式，销售部门不得不增加销售费用，所以毛利率设定得比较高，在不知不觉之中，销售费用就可能膨胀起来。为了预防这种情况，必须时刻注意杜绝一切浪费，努力把费用的使用限制在最小的范围之内。

（3）公司内部买卖

产品在完成、出货之前，相关物品在公司内部要流经多道工序。在阿米巴经营中，同公司外部的市场交易一样，各道工序之间也要进行公司内部交易。这种工序间物品与金钱流动的架构就是所谓的“公司内部买卖”。

一般在采用事业部制度的企业里，事业部之间的买卖会按照市场价格，但在制造工序之间很多都是按照成本或工时来交接物品。就是到前道工序为止的成本，再加上本道工序发生的成本，用累加的方式计算。

但是在阿米巴经营中，各道工序之间的交易不采用这种只计算成本的方式。尽管是公司内部的交易，但阿米巴毕竟要作为企业实体独立经营，要在交易过程中获取利润。

因此，同外部企业交易一样，在各阿米巴之间，在把材料和半成品作为产品交接时，也要采用买卖的形式，要计算“公司内部销售”和“公司内部采购”这样的实绩数据。当然，这时候的买卖金额，要由各阿米巴根据各自的经营状况，经互相交涉来决定。但这里的要点是，虽然只是公司内部买卖，却不可设定一个让各阿米巴平摊利润的方法。归根到底，要依据市场价格来决定各阿米巴之间的买卖价格。同时，评价各阿米巴也要从市场的视角出发，看其在价格、质量、交货日期等方面能否满足客户的要求。

因为这么做就将市场原理渗透到了制造工序之中，各阿米巴不得不拼命提升自己的竞争力，同时必须在质量方面对后道工序提供必需的保证。

阿米巴之间的公司内部购销

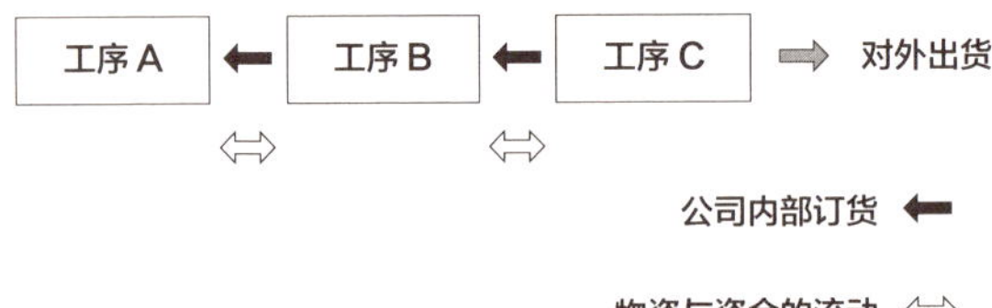

阿米巴之间的购销

	工序 A	工序 B	工序 C	制造课合计
对外出货			100 万日元	100 万日元
公司内部销售	30 万日元	70 万日元		100 万日元
公司内部采购		30 万日元	70 万日元	100 万日元
生产总值	30 万日元	40 万日元	30 万日元	100 万日元

图表 8

假定如图表 8 所示，有 A、B、C 三道工序。负责最终出货的工序 C 从销售部门接到了 100 万日元的订单，工序 C 向前道工序 B 订购 70 万日元的原料或半成品，同样，工序 B 再向工序 A 订购 30 万日元的原料或半成品。

工序 A 向工序 B 交付所订购的材料或半成品，获得 30 万日元的“公司内部销售”，工序 A 的生产总值就是 30 万日元。同样，工序 B 从工序 C 获得 70 万日元的“公司内部销售”，再减去支付给工序 A 的 30 万日元的“公司内部采购”，其差额 40 万日元就是工序 B 的生产总值。同时，工序 C 从对外出货所得 100 万日元中减去工序 B 的 70 万日元的“公司内部采购”，其差额 30 万日元就是工序 C 的生产总值。

就是这样，各阿米巴之间在物品流动时，不是以成本为基准，而是以包含了各自附加价值的公司内部买卖价格进行交易。按照这样的流程，各阿米巴独立核算，独立经营。

给销售部门的佣金由各阿米巴公平分担

各工序在进行公司内部买卖的时候，不仅产生收入，而且要对发出订单的下道工序支付公司内部佣金。因为作为最终工序的制造部门向销售部门支付的佣金，需要各制造工序公平负担。

实际上，工序 A 对于下道工序 B，在计算“公司内部销售”的时候，针对 30 万日元的生产总值，要按照销售佣金率 10% 支付佣金 3 万日元。同样，工序 B 在接受工序 A 3 万日元佣金的同时，要支付给下道工序 C 7 万日元的佣金。工序 C 则在接受工序 B 7 万日元佣金的同时，要支付 10 万日元的销售佣金。

按照这种制度，各阿米巴获取收入即生产金额（公司内部销售，公司内部采购）时，需要支付的销售佣金也要按照公平的规则，由各阿米巴负担。

销售佣金的负担金额

	工序 A	工序 B	工序 C	制造课合计	销售部门
对外出货			100 万日元	100 万日元	
公司内部销售	30 万日元	70 万日元		100 万日元	
公司内部采购		30 万日元	70 万日元	100 万日元	
生产总值	30 万日元	40 万日元	30 万日元	100 万日元	
支付佣金	3 万日元	7 万日元	10 万日元	20 万日元	
获取佣金		3 万日元	7 万日元	10 万日元	10 万日元
销售佣金的负担额	3 万日元	4 万日元	3 万日元	10 万日元	

图表 9

考虑单品核算

各阿米巴之间，不是按照成本买卖，而是用制造成本加上自己部门的附加价值，用这个金额进行买卖。这时候各阿米巴之间如何定价，就成为一个重要的问题。在定价方面，公司内部并不存在作为基准的计算公式之类的规则规定。同公司与公司之间的交易一样，价格由各阿米巴长谈判决定，在第二章里已阐述过，各阿米巴长参照市场价格，用各阿米巴彼此能够接受的价格进行买卖。

这时候，要考虑每个品种即每个单品的收支核算，定价工作要细致严密。针对客户的每一笔订单，公司内部都会设定一一对应的内部买卖价格，不可以随意决定价格。比如“因为这个产品价格高了，那个产品就便宜一点吧”，这种搭配销售方式行不通。因为对于每一种产品不断变动的卖价和成本，如果不能一一对应做出处理，那么整个制造部门就无法做好客户订单的收支核算管理。

这样，各阿米巴就要认真考虑自己的处境，包括市场的价格、自己的生产效率、成品率等，对每一个单品进行收支测算，并由此来决定价格。在这过程中，就能培养各阿米巴长作为经营者的商业才干。

但是，在各阿米巴长之间，仍然可能发生利害对立，出现纠纷。这时候，上面的领导，也就是统管这两个阿米巴的负责人必须做出公平、正确的判断。如果只听一面之词，处理不公平，就会削弱各阿米巴对于核算的责任意识，所以上司必须充分听取双方的意见，站在公正的立场上做出有效的指导。作为上司，归根结底是要对事情做出公平合理的判断，充当好协调整体的作用。为此，负责做出最终判断的经营高层、事业部长等人，必须具备让阿米巴长们认可的正确的判断基准和优秀的人格。换句话说，就是要掌握哲学，这是非常重要的。

公司内部形成市场动力

在阿米巴之间进行买卖，公司内虽然会增加若干处理票据的事务性工作，但是这样做的目的是通过销售部门将企业与市场挂钩，将市场动向及时传递到各个制造部门。从销售部门接受客户订单时起，如果售价下跌，立即就会对各工序之间的买卖产生很大影响，各阿米巴就会闻风而动，迅速采取行动，削减成本。

另外，各个阿米巴在公司内部反复进行买卖的结果，在公司内部也会形成市场。例如，同样的加工，有几个阿米巴都能做，那么就可能同其中提出更有利条件的阿米巴进行交易。

还有，如果公司内部的阿米巴在成本或质量方面出现问题，也可以不同它交易，而到公司外部寻找加工企业。由于在公司内部形成了市场，就营造了各阿米巴之间的竞争意识，结果就能提升企业整体的竞争力。

六、费用的计算方法——正确掌握经营状况，实行精细管理

“销售最大化，费用最小化”是经营的要诀，这点在前面已经阐述过了。这里要讲的费用计算方法，同“费用最小化”这一条经营的原则密切相关。

为了做到费用最小化，经营者必须率先垂范，带头削减费用。同时，要让现场的全体员工都具备“要抑制费用”的强烈的意识。而要做到这一点，前提是要构筑一种正确掌握实际状况的机制，让大家很快明白自己在现场究竟使用了什么费用，使用了多少。

在单位时间核算表中，选择现场核算中重要的费用，设定费用项目，具体的费用项目如下图表 10、图表 11 所示。

制造部门单位时间核算表项目

项　目		
总出货		A
公司对外出货		B
公司内部销售		C
	商品	C1
	陶瓷器・零部件	C2/D2
	原料・成型	C3/D3
	烧结	C4/D4
	电镀	C5/D5
	加工	C6/D6
	其他	C7/D7
	设备消耗工具费	C8
公司内部采购		D
生产总值		E
扣除额		F
	原材料费	F1
	五金费	F2
	商品采购费	F3
	辅助资材费	F4
	废料处理收益	F5
	内部消耗工具费	F6
	模具费	F7
	一般外包费	F8
	合作企业费	F9

续表

	消耗品费	F10
	消耗工具费	F11
	维修费	F12
	水电费	F13
	燃气费	F14
	包装用品费	F15
	包装运输费	F16
	杂给	F17
	其他相关劳务费	F18
	技术费	F19
	维修服务费	F20
	差旅费	F21
	办公用品费	F22
	通信费	F23
	捐税杂费	F24
	试验研究费	F25
	委托报酬	F26
	设计委托费	F27
	保险费	F28
	租赁费	F29
	杂费	F30
	杂项收入・杂项损失	F31
	固定资产处理损失・收入	F32
	固定资产利息	F33

续表

	库存利息	F34
	折旧费	F35
	内部各项费用	F36
	部内公共费	F37
	工厂费用	F38
	内部技术费	F39
	销售・总公经费用	F40
结算销售额		G
总时间		H
	正常工作时间	H1
	加班时间	H2
	部内公共时间	H3
	间接公共时间	H4
当月单位时间附加值		I
单位时间产值		J

图表 10

销售部门单位时间核算表项目

项　　目		
接单		A
销售总额		B
订单生产	销售额	B1
	获取佣金	–
	收益小计	C1

续表

库存销售	销售额	B2
	销售成本	–
	收益小计	C2
总收益		C
费用合计		D
	电话通信费	D1
	差旅费	D2
	包装运输费	D3
	保险费	D4
	通关费	D5
	销售手续费	D6
	促销费	D7
	销售回扣	D8
	广告宣传费	D9
	招待交际费	D10
	委托报酬	D11
	外包・服务费	D12
	办公用品费	D13
	捐税杂费	D14
	租赁费	D15
	折旧费	D16
	固定资产利息	D17
	库存利息	D18
	应收账款利息	D19

续表

	进货费	D20
	内部各项费用	D21
	杂给	D22
	其他人工费	D23
	损耗工具费	D24
	维修费	D25
	燃气费	D26
	水电费	D27
	杂费	D28
	杂项收入	D29
	杂项损失	D30
	固定资产处理损失・收入	D31
	总公司费用	D32
	部内公共费	D33
	间接公共费	D34
结算收益		E
总时间		F
	正常工作时间	F1
	加班时间	F2
	部内公共时间	F3
	间接公共时间	F4
当月单位时间附加值		G
单位时间销售额		H

图表 11

购入时点记录费用

在单位时间核算制度中计算费用的时候，有几项应当遵守的规则，在此加以说明。

第一，在单位时间核算制度中，要把与阿米巴有关的月度内的所有费用都作为费用入账。如果是制造阿米巴，其费用包括购入的零部件、电费、设备折旧费、外发加工费、修理费等有关生产活动所支出的费用。另外，间接的公共费用、销售佣金等也是阿米巴的费用。但是，单位时间核算表与利润表的不同之处在于，在计算“单位时间附加值”的时候，费用项目中不包含劳务费用。这一点在后面再详加说明。

第二，关于购入物品的费用，前面已讲过，要遵照“现金本位的原则”，在购入的时点就要把所有的费用都记入当月的费用开支。以原材料为例，阿米巴在购进原材料时，验收一结束，购进的所有原材料都要统计为当月的费用（“购入即费用”）。为了用现金管理每个月的活动，不是以使用了多少原材料作为费用支出，而是以当月购进了多少原材料作为费用进行计算。

但是，我们产品中的通信设备、信息设备、照相机等，光一种机型就需要许多种类的零部件，只能在备齐零部件、投入生产的时点列入费用。如果在购入时就列入费用，那么月度的核算数字就会大幅震荡。还有，采购高价的贵金属时，采购批量与每月的使用量存在差异，如果在购入时点就把所有的费用列入当月费用，那么月度与月度间的核算数字也会大幅震荡。

在这种情况下，经过上报并获得批准以后，可以按照物品的使用量来计算费用，即“按使用金额列入费用”。在按使用金额列入费用时，切记每月都要检查相关物品的库存量是否合理，有没有不良库存。

第三，与阿米巴的活动没有直接关系的费用（间接公共费等），虽然不是阿米巴可以直接管理的费用，但还是要按照各方可以接受的基准，由各阿米巴分担。

受益者负担

在阿米巴经营中，因发生某类费用而受益的部门，要负担这种费用，这是一条原则，称之为“受益者负担原则”。与生产活动和销售活动直接相关的费用当然适用这一原则，而间接部门的公共费用也要按照这一公平的原则进行分担。获利的受益部门以及应该负担的金额都很明确的场合，依照“受益者负担原则”，这部分费用就原封不动列入该部门的费用开支。

在阿米巴经营中，间接部门是成本中心，没有收入，因此间接部门所发生的公共费用全部都要转入直接部门。这时候，这类费用要按照直接部门的生产金额、出货金额、人数比例、使用面积、获益频率等要素公平分摊。必须遵照“一一对应原则”，开具票据，将实际的费用数字转入相关部门。

因为间接部门的费用要按比例分摊给各阿米巴，所以间接部门要在每月月初制定该月要发生的费用预定，并与各阿米巴联系，告知该月将要分摊的费用预定。各阿米巴在接到告知之后，就要制定本月将要转移过来的费用预定。

据说许多企业在事业部层面上实行这种费用转移，但在阿米巴经营中，是在经营的最小单元阿米巴之间进行分摊转移，大大提高了核算的精度。要向人数很少的阿米巴转移费用，需要做非常细致的事务性工作。但为了让现场的员工们正确认识自身的经营状况，为了实现费用最小化，这种事务工作是必不可少的。

另外，通过费用的转移分摊，可以唤起大家的成本意识，同时可以防止间接部门臃肿化的倾向。如果月初预定的间接部门的转移费用到月末有了大幅增加，当然会影响到各阿米巴的核算，各阿米巴就会向间接部门询问“为什么增加”的理由。这样，组织结构容易臃肿化的间接部门，在京瓷会受到直接部门的检查监督，因而就能杜绝浪费，实现筋肉坚实的经营。

如果阿米巴长们感觉到分摊过来的公共费用太大，负担过重，如他们认为“这样的话，别的费用不论如何削减也无济于事”。如果他们这么想，就会失去节约费用的积极性。所谓阿米巴经营，现场才是经营的主角，间接部门应该彻底压缩。归根结底，间接部门只能是一个“小政府”。

劳务费处理

单位时间核算制度是计算每位员工每小时产生多少附加价值的制度。在这种制度中，**与其把人看作为成本，不如说人是产生附加价值的源泉。**因此，不把劳务费当作费用处理。统计出阿米巴一个月的总时间，再用附加价值即结算销售额除以这个总时间，算出单位时间附加值。

当然，并不是要忽略劳务费。阿米巴长要掌握自己阿米巴的单位时间的平均劳务费。如果阿米巴的单位时间附加值低于单位时间的平均劳务费，那么这个阿米巴就是亏损；如果高于单位时间的平均劳务费，这个阿米巴就是盈利。所以各阿米巴长都要清楚地认识到自己的单位时间的盈亏平衡点在哪里。

在人数很少的阿米巴的单位时间核算表中，如果包含了劳务费这一费用项目，就会产生问题。如果把每个阿米巴的劳务费明确列支，那么有高收入成员的阿米巴，它的核算数值就会低；相反，有低收入成员的阿米巴，它的核算数值就会高。这样的话，有人就会说："我们核算数值低是因为有高收入的成员。"另外，眼睛只盯着劳务费，就会失去阿米巴本来的功能，即汇聚众人的智慧改善整个经营。

从这一观点出发，在单位时间核算制度中，大家关注的不是各阿米巴的劳务费，而是总时间或单位时间的附加价值。最近，在制造和销售的科级以上的组织中，我们把劳务费列入费用项目，制作利润表，算出税前利润，作为综合性的核算资料在经营中应用。

把费用细分

制作单位时间核算表是为了便于现场人员管理核算，但是为了实现费用最小化，还必须进一步细分核算表中的费用项目。

为什么需要细分？下面以精密陶瓷产品的制造工序为例，做出说明。原料部门将调配好的原料卖给成型部门，成型部门将陶瓷成型后运到烧制部门的炉前，烧制后的半成品再运到下道工序。在这个过程中，比如考虑要削减电费，但在"水电费"这一费用科目中包含了水电的费用，电费实际花费了多少并不明了，因此，有必要首先将电费和水费分开。

接着，各部门或各工序分别消耗了多少电费，必须弄清楚。说要削减电费，如果不知道部门或工序具体使用了多少电费，那么就不知道该在哪里削减，削减效果也不明显。

因此，就要在原料、成型、烧制等各道工序分别装上电表，各部门按照实际使用量承担电费。这样各阿米巴使用了多少电费就一清二楚了。哪个部门实际花费了多少电费，明确其金额是十分重要的。再进一步，如果弄清了哪台设备使用了多少电费，就能对电费进行更细致的管理，就能更有效地削减费用。

还有，某个部门“差旅费交通费”居高不下，希望降低。但是，在“差旅费交通费”这一笼统的费用项目中，看不出应该重点削减哪项交通费。为此，把票据汇总，把差旅费交通费分为飞机费、火车费、出租车费、住宿费等更细的科目。这样，该削减哪个科目就一目了然了。

还有一种方法，就是每个人先做出每月的差旅交通费预定，由部门领导予以指导，以此来削减差旅交通费用。如果不对费用进行如此详细的分类，“费用最小化”就无从实现。必须将核算表上的费用按需要进一步细分，才能采取切合实际的削减费用的方法。

如果想使费用最小化，阿米巴长必须搞清楚自己部门的费用是如何发生的。否则就无法采取具体的、有针对性的措施来降低费用，提升核算效益。单位时间核算表中的各个项目是掌握日常经营实态的不可或缺的指标，阿米巴长必须对这些项目进行认真细致的分析，要眼光锐利，能力透纸背，对费用进行彻底的管理。

七、时间的计算方法——关注部门的总时间

催生工作现场的紧张感和速度感

在单位时间核算制度中，为了要算出各阿米巴“单位时间附加值”，必须计算阿米巴的总时间。在制造部门的单位时间核算表中，所谓总时间就是各阿米巴所属的员工一个月的正常工作时间、加班时间、部内公共时间和间接公共时间的总和。

另外，当阿米巴之间互相支援时，同费用的转移一样，时间实绩也可以转移（所转移的时间包含在核算表中的正常工作时间、加班时间栏目内）。各事业部公共部门的总时间（部内公共时间）要分摊给各阿米巴。各工场间接部门的总时间（间接公共时间）也要按比例分

摊。必须每天向各阿米巴反馈总时间，以便阿米巴能够掌握每位成员前一天的时间实绩，及从月初以来累计的时间实绩。

但是，小时工的劳务费不做时间管理，只计算费用。因此小时工的劳动时间不包括在单位时间核算的总时间之内。

关于这一点必须引起注意的是，增加小时工、减少正式工，虽然费用会有若干增加，但总时间减少，表面上看起来能够提升“单位时间附加值”。当然，不允许利用这个简单的借口而多用小时工。聘用小时工要在对将来事业的开展和组织的运行经过深思熟虑之后，做出综合性判断，必须书面上报获取批准。

在核算表中，因为把单位时间附加值作为指标，所以在日常的经营活动中，时间这一概念是决定核算效益的重要因素。关键是：不仅要关注制造所花的时间（投入时间），还要关注这个部门的总时间。因为除了花费在实际制造活动上的时间，其他的时间花费对核算也会产生很大的影响，因此阿米巴长及其成员就会自然而然地认识到“时间的重要性”。

将总时间作为基准，目的不仅是为了削减加班时间，而且是让现场的每一位员工都意识到时间的重要性，催生职场的紧张感和速度感，让员工们自觉地营造提升工作效率的职场氛围。重要的是，全体员工都要在如何使用时间上动脑筋、想办法，节约时间，尽量提高生产效率。

第五章
打造激情燃烧的团队

一、用自己的意志创造收支核算的结果——核算管理的实践

制定年度计划

阿米巴经营的核算管理的周期，主要是依据单位时间核算表，以月度为单位进行管理。每个月都要制定预定，并统计实绩。对于预定的进度管理非常严格。而这个月度预定的根据就是被称作“master plan”的年度计划。

“master plan”应该是基于公司的整体方针和各事业部的方针目标，通过反复进行严密的模拟测算制定出来的。它体现了领导人的意志，就是“这一年要怎样来经营这个企业”。

为了率领员工把公司经营好，就必须制定具体的目

标。为了明确销售额、总生产、结算销售额（即附加价值）、单位时间附加值等经营目标，就必须用具体的数字来表达这些目标。而且这些目标不仅是公司整体的数字，还必须是分解落实到每个阿米巴的详细的数据。其理由是：如果没有共同的明确的目标，员工们就会各行其是，就无法把大家的力量都凝聚在领导人所指引的方向上，组织的目标就无法实现。

然而，虽然强调要有目标，但是制定五年、十年的长期计划则没有多大的意义。这是因为在剧烈变动的经营环境中，要正确预测市场将来的变化是不可能的。为了在不透明的经济环境中，使企业经营具备前瞻性，京瓷公司在设定三年期滚动计划的同时，制定精度更高的一年期计划，即“master plan”。公司以此为基础展开经营活动。每年度开始之前，根据经营高层和事业部长指示的经营方针和目标，所有的阿米巴都要制定自己的“master plan”。

通过设定目标来统一组织的方向

根据公司方针，各部门的负责人首先要充分思考“自己所负责的事业应该发挥何种作用？这一年要增长多少？”并据此制定“master plan”。在此基础上，各事业部长必须在心中描绘出自己的“愿望”，就是“今年一年究竟如何来推进事业的发展”，而且要把这种“愿望”和实现这种愿望的具体的方针目标，以及达成目标的方法对策，明确地传达给各阿米巴长。

接下来，根据事业部的方针和目标，各阿米巴长要制定自己的“master plan”方案。这个“master plan”必须从经营自己的阿米巴的角度出发，依据对下一年度的市场预测和产品计划，不仅要确定销售额、产值和单位时间附加值等目标，还要描绘出包括设备、人员在内的方案，并用分月度的具体数字表示出来。因此，不是做一份同比增长百分之几的形式主义的计划，而是必须依据具体的事业计划和战略，经反复模拟测算方能制定。

各阿米巴的“master plan”的数字以事业部为单位进行汇总。事业部长作为该事业的最高领导人，自己要有“我的事业部要做成这样”的表达自己愿望的数字目标。这时候，事业部长就要确认各阿米巴提出的数字的合计与表达自己愿望中的数字是否一致。如果阿米巴提出的数字目标低了，事业部长就必须同阿米巴进行沟通，传递自己的强烈愿望，要求阿米巴做出修正，直至最后得出双方都能接受的数字。在这种情况下，各阿米巴应该从内心认同自己最终提出的方针目标，将它作为自己的努力方向，鼓足干劲，付诸实践。

通过这样的过程形成的“master plan”，对事业部，就是事业部长“非如此不可”的愿望的结晶；对阿米巴，就是阿米巴长“非如此不可”的愿望的结晶。无论如何都要达成这个目标！为此，就必须具备无论遭遇何种困难，都要“绝对实现目标”的强烈的意志和使命感。我称之为“怀有渗透到潜意识的强烈而持久的愿望”。领导人必须具备这种强烈愿望并与部下共有。

为了达成经营目标该怎么做才好？当你 24 小时都在思考的时候，这个愿望就会渗透到潜意识。而这种渗透到潜意识的强烈而持久的愿望才是达成“master plan”的原动力。只有领导人怀有火一般的强烈的愿望和使命感，并反反复复地向部下倾诉，“master plan”才能真正成为全体成员共同的目标。

以月度为单位的核算管理

核算管理的周期以月度为单位，从各阿米巴拟定月度预定开始。各阿米巴在月初，就要对市场动向、订单状况和生产计划等进行详细的研究，由此制定月度预定。

各阿米巴在当月准备如何推进经营活动？这一意志用数字表达出来就是月度预定。因此，它不是简单地计算预想的销售额和预计的生产值，而是领导人确定自己想要实现的目标，并实现这一目标的承诺。

拟定月度预定时，重要的是：要根据上个月的实绩，反思哪里出现了问题。在反省的基础上，决定这个月该怎么办？必须将具体的对策纳入这个月的预定之中。就是说，为了完成当月的预定，估计会碰到什么问题？如何来解决这些问题？要在详细的模拟测算的基础上来制定月度预定。这一点非常重要。在拟定预定的阶段，就要明确达成预定所需的行动步骤。否则，要切实达成的预定目标就会有困难。

以年度计划为基础调整月度预定

以月度为单位，对预定和实绩进行核算管理，其目的就是要保证“master plan”的完成。因此，在拟定每个月的预定时，针对“销售额（产值）”“费用”“结算销售额（收益）”“单位时间附加值”等主要核算项目，到上月为止的实绩数，与本月的预定数在进度上是否符合

"master plan"，这一点首先必须加以确认。如果落后了，为了追赶上去，数字上该怎样调整，必须采取具体的措施，来填补差距，以跟上"master plan"所需要的进度。

整体认同的累计数字

各阿米巴对市场动向、生产计划、费用科目逐一进行认真细致的讨论研究后，归纳到核算表中，制定月度预定。这个预定的数字按班、系、科、部、事业部依次汇总，自下而上累加。全公司的预定数字就是从最小的阿米巴开始逐级累积的合计数字，所有的数字都必须有可靠的依据。

在阿米巴中，难免出现预定数字无法达到"master plan"要求的情况。这样的话，合计数字就达不到事业部的"master plan"，甚至会影响全公司的"master plan"。这时候，事业部长就要对各阿米巴的预定数字进行详细分析，重新验证整个事业部的预定数字。

对各阿米巴的情况进行分析确认，对难以达成"master plan"的阿米巴要给予指导，帮助阿米巴成员千方百计、尽一切可能去达成"master plan"。同时，当整个事业部处境艰难时，可以让能够顺利完成"master plan”的阿米巴出力相助，提高它们的预定数字。

事业部长不是简单地汇总各阿米巴的预定数字，作为承担事业责任的领导人，必须将无论如何也要实现“master plan”、向更高的目标发起挑战的精神渗透到各阿米巴，鼓起事业部全体成员的士气。

在阿米巴内部进行目标共有

拟定了月度预定以后，为了完成这个预定，阿米巴长要把预定内容告知阿米巴成员，并让他们充分理解阿米巴的目标。

所谓充分理解，就是要把达到目标真正当作自己的责任。无论询问哪一位成员，订单、产值、销售额、单位时间附加值等，有关这个月的预定数字，他们都能脱口而出。在熟知的基础上，为了达成预定，要把具体的行动计划分解落实到每个成员头上，让他们切实感受到，只有每一个人都达成了自己的目标，部门预定的目标才能达成，这一点非常重要。

这样，阿米巴全体成员就会朝着共同的目标努力奋斗。如果目标实现了，大家就能一起分享成功的喜悦。京瓷自创业以来，就有举办恳亲会的传统。在恳亲会上，就会表彰员工们的奋斗精神，庆祝成功，分享快乐。通过这种活动，就会催生“下个月继续努力”的蓬勃生机，全体成员身上都会涌现出向更高目标挑战的劲头。反复开展这样的活动，就会爆发出实现“master plan”的巨大的能量。

每天的工作进度全员都要掌握

每天的订单、产值、费用、时间等主要的实绩数字，第二天就会以日报的形式分发到各个阿米巴（现在可以通过公司内部网络从电脑上查看）。根据这些数据，阿米巴长就能针对预定，确认实际的进度，在每天的晨会上向成员传达。另外，在事业部的晨会上，宣读每个部门最新的各项实绩数字，让全体员工都了解订单状况和生产实绩。

通过确认每天的实绩数字，每一位员工就能切身感觉到，自己现在正在做的工作，与部门的实绩数字密切相关。如果实绩落后于预定，全体成员就会商讨补救的方法，迅速采取相应的对策。这么做，阿米巴成员的力量就能汇集到同一个目标上，促使集团整体目标的达成。

以坚决完成计划的坚强意志投入工作

领导人必须具备无论如何也要达成既定计划的坚强意志。作为部门的经营者，要确认每一天的实绩，一旦发生问题，立即采取对策。领导人就要以不管怎样都要实现目标的坚强意志鼓励部下，直到月末最后一天的截止时间为止，全员都要团结一致为完成计划而努力奋斗，这才是重要的。

阿米巴朝着目标达成的方向竭尽全力，奋斗到月末的最后一刻，也许其业绩的提升从公司整体来看，差异微不足道。但是，所有的阿米巴每个月都朝着达成计划的方向努力奋斗，不断积累的结果，业绩就会得到巨大的提升。此外，在反反复复、不折不扣地努力达成目标的过程中，全体员工的意识在不知不觉中就会提升，而这种意识的提升就是不断提升公司业绩的原动力。

阿米巴长的坚强的意志和阿米巴全员的努力所积累的结果，由月度核算呈现出来。而“上月的核算很差，没有利润”，这种情况之所以发生，是因为领导人从事的是无法产生利润的经营。月度预定的计划，通过领导人的坚强意志和全体成员的努力奋斗，理应百分之百达成，不允许轻易寻找失败的借口。

此外，一个月结束时，“为了达成预定，采取了哪些措施？”“这些措施是否合理且奏效？”“在制定预定阶段设想的对策有没有实行？”对这些问题，阿米巴长都要认真反省，从中归纳出具体的经营课题，为改进下一个月的经营提供帮助，这一点也很重要。

每个月都反复这样的工作流程，就可以在提高阿米巴核算效益的同时，提升阿米巴成员参与企业经营的意识。这种努力不断积累的结果，阿米巴长作为经营者的思想素质也随之提升，就能够成长为优秀的经营者。这就是在阿米巴经营中培养领导人的重要的一环。

二、支撑阿米巴经营的经营哲学

在阿米巴经营中，各阿米巴每天都在为提升“单位时间附加值”而不懈努力。其方法无非是三种：“增加销售额（总生产）”“削减费用”“缩短时间”。为了增加销售额（总生产），只要确保更多的订单就行；为了削减费用，只要避免浪费就行；为了缩短时间，只要提高工作效率就行。

阿米巴在日常经营中实践这些方法，但为了提高核算效益，还有若干不可或缺的要点，这里选出其中特别重要的几点，作进一步说明。

定价即经营

阿米巴的收入源泉来自卖给客户的销售金额。因此，在订单生产的场合，从客户处取得的订单金额的大小，在很大程度上影响到各制造、销售阿米巴的核算结果。而左右订单金额大小的因素之一就是产品的“定价”。

京瓷在创业之初，只生产精密陶瓷零件这种弱电用的高频绝缘材料。靠这单一品种经营企业，我有深刻的危机感。我奔走于需要使用绝缘材料的真空管和显像管的生产厂家，询问“有什么活可让我们干”，希望获取订单。

在大客户那里，早就有原先的陶瓷企业供货。当刚诞生的小微企业京瓷上门推销时，对方就会说：“如果你们的价格确实便宜，也可以买你们的。”报价后，对方会说：“别的公司的价格要比你们便宜15%。”于是销售员就会匆匆忙忙编制新的报价单，再赶到客户那里。在这样的讨价还价中很快就被迫作出让步。

如果销售部门以便宜15%的价格取得订单，那么制造部门就必须降低15%以上的成本，制造部门就会苦不堪言。因此，我会对销售部门这么说：“轻易以低价接单，制造部门就很艰难。这可不行！只要价格足够低，拿多少订单都不稀罕。作为销售部门而言，这绝不是值得称道的事情。销售的使命是要看透客户能够乐意接受的最高价格，让客户认为‘这个价格我们接受’。低于这个价格，拿多少订单都不稀奇；高于这个价格，商机就会跑掉。必须盯准恰恰好好的这一点。”

卖价太低，不管怎么削减费用，核算效益也无法提升；卖价过高，就会滞销，库存堆积如山。因此，领导人必须对销售部门收集来的信息进行认真分析，正确把握市场和竞争对手的动向，在正确认识自己产品的价值的基础上，决定价格。定价是决定企业生死的大问题，领导人必须全神贯注、全力以赴。

定价与降本联动

不管是订单生产还是库存销售的方式，对于价格竞争十分激烈的商品，依照客户希望的价格，无论怎么做，也无法盈利。即使如此，为了事业的长期发展，在这个时点，虽然收支不能平衡，甚至价格低于成本，但仍然需要硬着头皮接下订单。在这种情况下，在决定价格的同时，就必须思考如何降低成本，以取得收支平衡。

例如，研究低价购进材料的方法，尝试能否用半价买到所需资材等各种方法。如果行不通的话，就在设计上想办法，通过改变设计来挤出利润。要在市场所决定的价格之下做出利润，不但要设法降低资材的成本，而且要在设计和制造方法上动脑筋、下功夫。

就是说，领导人在决定价格的那一刻，就必须思考降低成本的方法，定价与降本联动。同时即刻指示制造部门降低成本，并指导降本的具体方法。

应对市场变动，经营者的使命感必不可缺

希斯泰克公司是京瓷信息通信机器部门的前身，因陷入经营危机，要求我们出手相助。

希斯泰克公司制造计算器和现金出纳机。当时以美国市场为中心，计算器快速普及。在全美电子产品进口市场执掌牛耳的曼哈顿的一家进口商，给日本厂家带来了商机："如果能生产出这种功能的计算器，我们就买 100 万台。"这话让日本厂家欢呼雀跃。订单源源不断，扩建工厂，增聘员工，完善了增产体制，希斯泰克乘着这个计算器市场迅速扩展的浪潮，飞速成长。

但是不久后，美国市场趋向饱和，竞争激化，事态突变。美国的进口商此时不断提出降价要求，日本

厂家花了血本，好不容易调整了增产体制，但订单突然就停了，厂家焦急万分。美国的进口商得寸进尺，加紧了降价的要求。

以前，希斯泰克的社长为了应对降价要求，亲自与资材供应商谈判，维持了收支平衡。但公司扩大后事务忙乱，不知何时就将降低成本一事委托给了部下。

为了应对降价要求，制造部门的负责人代替社长要求供应商降价。而供应商因一再降价，不同意再次降价，而制造部门的负责人缺乏强烈的使命感，不能以"无论如何也得以这个价格进货"的严正态度与供应商交涉。结果核算恶化，赤字连连。

然而，员工已经增加，工厂已经扩大，不能让工厂停工，明知入不敷出，社长还是不得不再次答应降价要求。这样，希斯泰克的收支核算每况愈下，一败涂地，经营很快就进入了死胡同。

这个事例说明，即使经营高层决定降价，但就是在这个价格下仍然要挤出利润，如果公司内缺乏持有如此坚强意志的领导人，公司就无法正常运行。

不管确立了多么好的经营管理体制，不管如何正确地掌握了经营的实态，最终应对市场价格下滑的仍然是人。在这种状况下，“就是大幅降价，仍然要挤出利润”，具备如此强烈使命感的领导人存在与否，决定了公司的生死存亡。

能力要用将来进行时

京瓷在创业初期，基本上采取订单生产的经营方式。从客户处取得订单以后才能开始生产活动。如果不能确保必要的订单，制造现场马上就会无活可干，员工难免流落街头。所以，现在还剩多少订单？这个月能生产多少产品？我在经营中无时不把这些问题挂在心头。

必须想方设法多拿订单，我抱着这个心情去推销。于是，大型电器厂家的研究人员，几乎千篇一律，都会拿出技术难度高的产品让我们做。因为既存的大型陶瓷企业很多，刚刚成立的毫无名气的小微企业上门来推销，能拿到的只有被其他陶瓷企业拒绝的难做的订单。

但是，如果因为技术难度高而放弃订单，公司将难以为继。因为我迫切希望获得订单，所以即使按我们当时的技术水平不能做的产品，我也会断言“能做！”而接下订单。回到公司，我就会对技术人员说：“这个产品，靠我们现在的技术还很困难，但按这种思路去干，应该能成功，赶快试做吧！”这时候，技术员中一定有人会说：“这太难了，做不出来！”这不禁让人泄气。

这时候，我就会用下面这番话说服他们：“凭我们现在的能力确实困难，这点我非常清楚。但是在交货期之前，反复试验，刻苦钻研，我们的能力一定会提升。这个订单是我断言‘能做’才拿到的，是说了大话才到手的。决不能让大话落空。只要我们拼命努力如期交货，大话就不再是大话了。让我们拼命努力吧！交货期到来前，一定要完成任务！”

“能力要用将来进行时。”能做到这一条的人就能把困难的工作引向成功。**“无论如何也要让梦想成真！”**抱着强烈的愿望，付出不懈的努力，能力一定能提高，局面一定能打开。

这个道理，在每个阿米巴的经营中也同样行得通。阿米巴长也要经常确认订单的余额，因为它是以后生产、销售和利润的来源。要采取措施确保接下来有活可干。为了增加订单，自己要积极行动起来，即使技术上困难的产品，即使用现有价格做不下来的产品，也要以“能力要用将来进行时”的观点进行挑战，依靠大家拼命努力去克服困难。如果能把成本降下来，阿米巴的实绩就可以大幅提升。

追求事业的持续性

在单位时间核算制度中，大家往往把目光盯在反映核算状况的指标——“单位时间附加值”上。但并非只要“单位时间附加值”高了，经营就顺畅，就万事大吉了。

例如，看某个制造阿米巴的核算表，虽然“单位时间附加值”提升了，但从某月起，用结算销售额（即附加价值——译者注）除以总生产，即结算销售额比率却大幅走低。

这是因为制造阿米巴经常将大部分工序外发给别的公司，外发部分的外发加工费增加，结算销售额相应减少。而员工的劳动时间更是大幅度减少，结果导致“单位时间附加值”增加。

在这种情况下，如果只看“单位时间附加值”，会觉得这是一个优秀的阿米巴，但实际的经营状况却并非如此。即使“单位时间附加值”好看，但代表附加价值的结算销售额的绝对额却减少了，就说明该阿米巴对公司的贡献降低了。结算销售额对总生产的比率低，就意味着该事业创造附加值的能力弱，确保员工就业的能力也不高。

因此，从确保员工长期就业的角度思考，不仅要提高“单位时间附加值”，还必须提高“结算销售额占比”。领导人必须将此铭记于心。不单是看着“单位时间附加值”来经营事业，而且还要从结算销售额比率等多个角度出发，正确分析自己部门的经营状况。

我在创业后不久曾经考虑过，由很少的智商很高的聪明人来组织一家公司，利用这些人的智慧和技术开发产品，生产则委托给别的公司，然后销售，这样就可以赚大钱。事实上也存在着按这种想法组建的公司。名义上是生产厂家，却只专注于技术开发和产品开发，只做设计和销售，制造则采用EMS（Electronics Manufacturing Service，电子机器代工企业）方式委托给外发企业。

然而，这种做法虽然能取得一时的成功，但因为不能积蓄作为制造业命根的产品制作的核心技术，所以经常会出现质量等方面的问题，很难取得长期持续的成功。我认为，为了让事业具备可持续性，为了保证员工长期稳定的就业，还是应该在公司内部建立能够孕育附加值的制造工场，应该鼓励通过流汗去制造产品。

在阿米巴经营中，虽然可以通过增加外发，减少本部门的员工，提高“单位时间附加值”，但这么做无法让事业持续发展。经营企业应该有长期的观点，就制造业而言，就是要在自己公司内部积蓄重要的技术，通过不间断的钻研创新来提升附加价值。

在制造业的阿米巴经营中，产品制造的基础是技术，为了在公司内部积累所有的技术，就要尽量不使用外发，应该在公司内部建立附加值高的、连续性的生产流水线。

销售与制造共同发展

各阿米巴为了提升各自的核算收益，销售部门和制造部门就必须尽可能频繁地进行信息交换，充分地沟通交流。销售部门和制造部门因为各自独立核算，往往会坚持各自的主张，引发争执。但是，无论销售部门也好，制造部门也好，既然都属于同一个公司，就不存在哪方赢哪方输的问题，彼此必须互相帮助，实现双赢。

销售部门、制造部门都是同属一个公司的一家人，是在同一条船上的命运共同体，只能互相协作、共同发

展。只有互相携手给客户提供产品、提供服务，才能在总体上获取客户的满意。

为此，竞争对手有什么动向？客户需要什么产品？这种产品派什么用途？产品的社会意义如何？等等，销售部门必须把这些市场信息及时告诉制造部门。而制造部门除了要确认市场动向和订单状况之外，也要将自己的技术水平与竞争对手的比较优势告诉销售部门，并将自己将要把有价格竞争力的、有魅力的产品推向市场的意志和决心传递给销售部门。

这样的沟通协作，如果能自发地、高密度地进行，那么销售部门和制造部门的核算收益就能一起提升，就能对整个公司的发展做出更大的贡献。制造部门和销售部门应该互相切磋研究，抱着关爱和体谅之心互相协作。

不断从事创造性的工作

在职场里努力做好上司分配的工作当然是重要的，但在重视自主性的阿米巴经营中，光做到这一点还不够。在每天的工作中，应该经常思考“以往的做法究竟好不好？”应该寻找更好的方法。今天比昨天好，明天比今天好。不断对自己承担的工作进行改进改良，这是阿米巴经营的基本要求。

京瓷新产品开发的历史，就是一部创造史。创业之初，京瓷生产显像管用的绝缘材料“U字形绝缘体”，专供松下电子工业公司。此后我考虑也可以把我们做的绝缘零部件卖给东芝和日立制作所等其他厂家，不断开拓新客户。另外，因为显像管也是真空管的一种，我想作为真空管用的特殊材料，我们的材料应该也能适用，于是就开发出了相关的新产品。

不久后我又考虑，精密陶瓷的适用范围不应只限于电子领域，于是开拓了产业机械用的零部件市场。后来，在开拓美国市场的时候，我们生产出了陶瓷晶体管标头。没过多久，晶体管又被IC所替代，但当时京瓷已经开发成功了陶瓷IC封装。

后来到了1980年前后，为了救助制造无线通信设备的赛巴耐特公司，京瓷接收了其工厂和所有技术人员。此后我在第二电电（现KDDI）开拓手机事业的时候，也开始研发手机终端，同来自赛巴耐特的技术人员一起，接二连三地开发出各种手机产品。现在不仅生产手机终端，还制造PHS终端和基站。这些业务已经成长为公司的事业支柱。

同样，打印机事业也从小做起，其中使用了京瓷独创的非晶硅感光磁鼓，开发出环保打印机。现在同京瓷美达的复印技术融合，正在发展为全球性的事业。

这样的技术变迁并不是一开始就能预见到的。只是绝不满足于现状，在新市场开拓和新产品开发的所有方面，都不断钻研创新，果断挑战，这才造就了今天的京瓷。

要超越自己的专业技术的范围，去新的领域闯荡，人们难免犹豫不决。但是封闭在自造的硬壳中，即使变成了化石，也只能从事业务，那么技术进步等一切就无从谈起。如果具备不断创新的强烈的愿望，那么即使专业知识不足，也可以寻找该领域的专家咨询，或者聘用具备专业知识的人才，用这些办法就能够拓展技术和事业的范围。

“不断从事创造性的工作”，这就是引导阿米巴成长乃至公司发展的最基本的行动指针。

设定具体的目标

在企业经营中，设定具体的目标很重要。对于下一年度的 master plan，反映经营者愿望的销售额、总生产、费用等核算表中的所有项目，都必须分月度列出。

如果将“现有的销售额要增加五成，要做成更大的事业！”这种愿望首先作为月度销售额列出，“销售额那么多，相应的费用也该多吧，那么核算收益可以达到多少”，自己要先来认真测算计划的数字。

单位时间核算表中的实绩数字，由经营管理部门汇总成表，分发给各个阿米巴。但在制定年度计划时，各阿米巴长要充分思考销售额、费用、单位时间附加值等，想要做出表达自己愿望的数字，必须由自己来制作单位时间核算表。

这个目标数字体现的是阿米巴长“我就想做成这样！”的愿望。阿米巴长必须具备“目标必达”的坚强意志。比如，这个月的总生产想提高这么多，但订单不足，那么制造阿米巴长就会主动与销售部门一起去拜访客户，获取订单。必须怀着坚强的意志，为达成每个月的目标，采取具体的对策并付诸行动。

还有，如前所述，目标如不能与成员共有，就难以达成。因此在会议上、在恳亲会上，要向部下倾诉：“今年我想如此经营我们的阿米巴，销售额要增加这么多，费用和时间大概要花这么些，单位时间附加值和利润率想要提高到这么个数字。为此，订单必须相应增加，我将与销售部门一起去拜访客户，努力争取订单，你们要把好生产这道关！”必须这样去说服员工，明确各自具体的任务和行动目标，这是非常重要的。

阿米巴长“想要这么做”的愿望、每月的目标以单位时间核算表的形式表示出来，并要彻底思考为了实现销售额等所有目标而该采取的具体行动，并与阿米巴成员们一起果断地付诸行动。

把每个阿米巴都做强

阿米巴经营是把公司组织划分成一个个小单元即阿米巴，将其委托给阿米巴长运营。所有阿米巴长都负有责任，要把委托给自己的事业运营好，要完成自己制定的计划。特别是统辖许多阿米巴的事业部长，在督促所有阿米巴实现计划的同时，还必须提升事业部的核算效益。

因此，如果个别阿米巴的核算不好，但其他阿米巴的核算都很好，总体来说不错，那就行了。这样的想法京瓷公司从来没有。例如，由于采用了新工艺、新技术改进了产品的制作方式，事业部长当然要降低整个工序的成本，但在这之前，各道工序的阿米巴都必须提升核算效益。

如果由于利用了新技术，制造部门整体的核算提升了，但某道工序的核算依然不佳，那是不容许的。因为如果事业部长容忍这种情况，团队就会松劲，给整个事业部的核算带来消极影响。**阿米巴经营的出发点就是要通过各个阿米巴的勤奋努力，提高各自的经营效益，从而提升公司整体的效益。**

为此，负责经营各自部门的阿米巴长们，对于来自其他部门的不合理要求，不可轻易妥协，不能唯唯诺诺 当好人，哪怕是来自事业部长的无理要求，也要据理力争，即使吵架也无所畏惧。缺乏如此激昂的气魄就无法经营事业。在考虑公司全局的同时，各阿米巴长也要竭力维护自己的阿米巴组织，这是非常重要的。

具备“公司整体”意识

在实践阿米巴经营时，为了守护自己所担当的事业并促进其成长发展，阿米巴长就会把优秀的人才留在自己的身边。站在阿米巴长的立场上，听说要把自己辛苦培养出来的优秀的部下“调往其他部门”，自然心有不甘，不会轻易答应。但是，这种态度会使量才录用的人事方针无法落实，就会阻碍公司整体的发展。所以阿米巴长要从企业整体的立场出发，抛弃私心。让优秀的人才超越组织的框架，在更广阔的舞台上施展才华，这对公司整体发展有利，阿米巴长应该具备这种胸怀。

还有，阿米巴之间在决定公司内部买卖价格的时候，首先应该考虑的是：怎么做才对公司整体有利？例如，有的阿米巴长个性强、嗓门大，把自己的意见强加于人，造成定价不公平。看到这种情况，我常会严厉训斥："喂！为什么你只考虑自己，不考虑别人？抱这种利己主义思想的人，作为领导者那是不合格的！"

这些事例告诉我们，每个阿米巴的成功不能与公司整体的繁荣相矛盾。只有一个部门好而公司整体不好的话，毫无意义。阿米巴长必须抱有守护自己的部门、并让其成长发展的强烈的使命感。与此同时，在一切判断的根基处，都必须具备"为了公司整体利益，该如何做？"这种全局意识。

曾有过以自我为中心的阿米巴长给公司整体带来麻烦的事例。那时我在美国招聘了当地的销售员，刚开始开展销售活动的时候，如前所述，并无把握的订单我却断言"能做！"接下了订单。但有时承诺的交货期到了却不得不延迟，因而发生了纠纷。为了请客户宽限等待，销售员多次去客户处低头赔罪。但美国的销售员中却有人怕有失体面，跑到客户那里，毫无顾忌地指责："是我们公司的制造部门不负责任，乱弹琴！"

这时候我就会批评这位美国的销售员："你说的也许是事实。但是，如果日本的制造部门不值得信任，那不是整个公司的信用就丧失了吗？你自己的面子固然重要，但公司一旦失去商机，那就一事无成，一切无从谈起了！"因为这样的事例实际存在，因此我会向销售部门和制造部门强调："希望你们不要忘记自己是公司整体中的一员！"

阿米巴长作为在同一公司工作的同志，必须站在公司整体的立场，以"作为人，何谓正确"这一点为基准做出判断。虽然守护自己的阿米巴并促其成长发展是前提，但在同时，又必须具备公司整体利益优先这种利他之心。否则阿米巴经营就无法成功。

上级领导要站在前头，不能完全放权给下级

最后谈一谈阿米巴经营不可跌入的陷阱。

当下级阿米巴长成长起来以后，就有上级组织的

领导人把各阿米巴的运行全部委托给培养成熟起来的阿米巴长，而自己只顾摇旗呐喊。**阿米巴经营的体制，不仅要求阿米巴长，而且要求每一位员工都要主动努力，达成各自的目标。**从短期来说，即使上级领导稍有懈怠，但只要基层组织扎实，运行有序，就能过得去。但在这种状态下公司不可能发展。

我在当社长的时候，不管是销售、研发还是生产，只要发生问题，我就会亲临现场指挥，在客户和现场间奔走巡回。只要有空，我就涉足现场，视察有问题的部门，全力帮助解决。虽然把经营托付给各阿米巴长，但并不是一切放任不管。我熟知各个阿米巴存在的问题，到了现场就帮助解决，同时激励大家。

而且，作为经营者，我不断思考公司将来应该如何发展，思考公司前进的方向，针对有关公司整体的重大问题做出判断，等等，履行对经营者所要求的高层次的职责。

因为目睹为了众人承担重责的经营者奋力拼搏的背影，员工们才会为了企业而努力履行自己的责任。在阿米巴经营中，事业部长等负有重大责任的领导人更必须站在前头，付出成倍于他人的努力。

三、培养领导人

提高经营者意识的最佳体制

京瓷持续成长发展的原因之一，就是具有阿米巴经营这一优越的经营管理体制。但是，正如我在一开始说的那样，只有具备了“以心为本”的经营风气，这个体制才能正常地发挥它的功能。不管有多么合理、多么优越的经营管理体系，如果运用这一体系的领导人及其成员们缺乏热情，目标的实现仍然是不可能的。因此，并不是说有了完善的核算制度，就能够保证提升现场的核算效益。只有现场的员工们具备了无论如何也要提高核算效益的强烈的愿望，并以自己坚定的意志去挑战更高的目标，才能提升核算效益。

为了让阿米巴组织作为一个生命体，协调配合，发挥其强大的生命力，这个集团的领导人的思想行为就显得特别重要。**“要让自己的组织变成如此卓越的部门！”领导人首先必须描绘自己的梦想。**抱着“让自己的组织变成理想的部门”这一强烈的愿望，朝着愿望实现的方向，将自己的全部能量倾注到这个集团中去，这一点非常重要。

无论哪家公司，具备如此资质的领导人，总是供不应求的。但是，即使是素质尚不理想的人才，将他提拔为阿米巴长，将那个部门的经营托付给他，他就会产生责任感和使命感。为了统率自己的部门实现目标，他就会千方百计调动部下的积极性，通过积累各方面的经验，他就会提高凝聚人心和核算管理的能力，就能成长为优秀的领导人。

与此同时，组织的成员们同阿米巴长一起，在达成自身目标的过程中，自然就会提升自己的经营者意识，因此，可以说阿米巴经营乃是培养领导人、提升全体员工经营意识的最佳的教育体制。

通过会议发言，端正干部思想

对于培养领导人，有一点非常重要。就是以经营者为首的经营高层，要对各部门的经营进行适当的指导和恰当的评价。

我会充分利用作为生动有效的教育场所——会议。在干部们参加的会议上，以单位时间核算表为依据，各部门的负责人会发表上一个月的实绩和这一个月的预定。这时候，通过发表的内容和讨论的情况，对这些部门领导人的思想方法和工作态度作严格的指导，这种指导对培养人才十分见效。

例如，在会议上，制造部门的负责人发言结束以后，某位销售人员向他提问："那个产品几时能够生产出来？"制造部门负责人回答说："以某日为目标做出来。"这时候，我就会指出："你为什么不回答'在某日之前做出来'？'以某日为目标'是给到时做不出来留了后路。用模棱两可的语言逃避责任，就不可能严守交货期。如果缺乏无论如何也必须如期完成的决心，任何事情都干不好。所以你这么回答问题背后的心态必须纠正！"

我认为语言中有所谓"言灵"，说话人的"心"和

"魂"会在话语中自然流露出来。特别是领导人的发言，会给部门成员很大的影响。正因为如此，所以，我才会通过领导人的发言，对他们的思维方式和心态进行矫正。在这方面我花费了很多时间。

干部们通过会议不但可以正确把握各个部门的状况，对今后如何推进事业进行讨论，同时，对基层领导人进行指导和教育也非常重要。

树立高目标，每天全力以赴

公司如果只是设立一个很低的目标，只能得到很低的成果。为了大幅度提升公司业绩，无论如何必须树立高目标。

京瓷刚起步、还是一个小微企业的时候，我就不断地对与我共同奋斗的伙伴们诉说我的宏大理想："现在我们要把京瓷做成原町第一的公司，原町第一以后就要西京第一，然后是中京区第一、京都府第一，京都府第一以后就要日本第一，日本第一以后就要成为世界第一。"这话在当时不过是远远脱离现实的一个梦想。即便如此，我还是利用一切机会，不厌其烦地向大家灌输"总有一天会成为世界第一"的理念。结果是大家都瞄准这个高目标，竭尽全力，奋进再奋进。

另一方面，作为短期目标，我又为年度计划和月度预定等具体目标的达成而不遗余力。我总是强调："全力过好今天这一天，就能看清明天；这个月拼命工作，就能看清下个月；今年竭尽全力，就能看清明年。每日每时不懈努力，这种人生态度才是最重要的。"任何伟大的事业，只有在坚持高目标的同时，日复一日、全力以赴才能成功。朝着远大的目标，孜孜不倦、兢兢业业，不断奋斗的结果，才造就了今天的京瓷这个全球性的企业。

在阿米巴经营的开展过程中，阿米巴长设定高目标，为实现高目标，今天一天拼命努力，这是很重要的。阿米巴长要探求一切可能性，反复进行详细的模拟测算。设立尽可能高的目标，接着就应该尽一切努力去实现目标。这样的话，所有的阿米巴都可以集中精力朝着高目标奋进，公司整体的业绩就一定能增长。

在达成月度预定和年度计划的过程中，会发生各种各样的问题和课题。阿米巴长必须以不屈不挠的坚强意志，付出不亚于任何人的努力，去克服遭遇的任何困难。通过这种反复的考验和锻炼，阿米巴长就能很自然地掌握作为经营者所需要的能力和思维方式。

为了正确地引导团队朝着高目标奋进，领导人应该如何判断？如何行动？领导人必须始终追求做人做事的正确姿态。只要持续反复去做，领导人就可以大幅度提升自己的人格，就能获得部下的信任和尊敬。

拥有共同的事业目的和判断基准

在公司里，光是制造部门就有各种各样的阿米巴在开展活动。其中，既有做热销产品、业绩骄人的阿米巴，也有做长线产品、长期坚守传统的阿米巴，还有拓展新事业、开发新产品的阿米巴。虽然各种阿米巴所处的环境不同，但是，不管哪种阿米巴，为了拓展本部门的事业，首先必须明确其事业的目的和意义。

对于领导人自身而言，当然需要明确做事业的目的。而一个集团为了团结一心，推进事业，就必须明确事业的“大义名分”。这个事业对于社会具备何种意义，将做出何种贡献，必须确立高层次的事业目的。

如前所述，京瓷公司的经营理念是：“在追求全体员工物质和精神两方面幸福的同时，为人类社会的进步发展做出贡献。”其中的“全体员工”，不仅是员工，也包括作为经营者的我这个人在内。既包括经营班子又包括普通员工，总之要追求上上下下所有人的幸福。同时，希望通过技术和事业为人类社会的进步发展做出贡献，从这个意义出发，又加上了“为人类社会的进步发展做出贡献”这一句。

这一经营理念，是创业当初，作为经营者，我还没有任何经验的时候制定的。这是一个非常质朴的理念。但它明确地揭示了公司经营的目的，这是一家为了有缘相聚在一起的所有人的幸福而创建的公司，同时，还要通过其事业对人类社会的进步发展做贡献。公司的目的就要符合这样的大义名分，公司的目的必须获得员工和客户，以及所有关系者的共鸣。

所以，经营者必须明确“为什么要开展这项事业”这一事业的目的意义，而且从平日起就要把这种目的意义向各部门的领导人做充分的解释。而各部门的领导人要把这一目的意义针对自己负责的事业，用自己的语言向部下做出说明，将这意义渗透下去。这样做才能让员工们团结一心，全力投入工作。

同时，所谓经营，就是每天判断的积累。其结果成为实绩显示出来。所以，对于领导人，特别需要他能做出正确的判断。为此，领导人从平时起，就必须努力掌握“作为人，何谓正确”这一普遍性的哲学原理。

领导人在自己掌握正确的判断基准的同时，还要做出努力，让自己的部下共有这一判断基准。在会议上，在工作现场，在一切经营活动中，有关正确判断的方法，解决问题的方法，领导人都要对部下做指导和教育。通过反复的指导教育，让大家共有哲学，提高经营者意识，这才是最重要的。

后记

“阿米巴经营”是京瓷集团不可或缺的经营手法。全体员工在日常工作中使用这个手法，没有任何抵触情绪。然而，迄今为止，有关这种手法背后的思想和架构，并没有正式整理成文。

我从经营的第一线引退以后，把编著传播阿米巴经营精髓的书籍作为一个长年的课题。在繁忙的日程中我见缝插针，在长达五年的时间内，将京瓷的干部召集于一堂，举办了“阿米巴经营讲座”。将讲座的内容浓缩，就形成了本书的基础。

因此我认为，我的讲义再加进京瓷的董事及干部们的意见，才使阿米巴经营的经营思想和经营管理手法成为一个体系，从而编辑成书。或许有点自夸，但是我认为阿米巴经营的管理会计体系，开创了会计领域的新天地。

阿米巴经营是我花费多年的心血创建的独特的经营管理手法，是京瓷实现高收益经营的基础，所以不可公开，公司内部有人提出这种意见。但是，日本经济新闻出版局的波多野美奈子女士热心地劝我出版，我想如果对日本经济的发展能助上一臂之力，出版也无妨。如果没有波多野女士的热忱，本书或许不会问世。另外在编辑方面，伊藤公一先生给予了特别的关照。在此谨向这两位表示衷心的感谢。

另外，在本书的编辑过程中，得到了 KCCS 管理咨询公司森田直行社长、藤井敏辉副社长、松井达朗董事、原田拓朗董事、出版讲座部平井正昭部长的协助，在此也表示感谢。KCCS 公司日常开展阿米巴经营的咨询工作，已经帮助不少企业提升了业绩。

还有，在本书的编辑和资料的汇总方面，还得到了京瓷公司执行董事大田嘉仁、执行董事满田正和、顾问石田秀树、教育企划部长高津正纪、经营管理企划部长桧物省一、秘书室木谷重幸、京瓷美达公司执行董事米山诚的协助，在此也表示感谢。